LA SCIENCE DE LA PREMIÈRE PERSONNE

Qui êtes-vous vraiment ?

Du même auteur

Le jeu du visage, Almora, 2019

Le Petit Livre de la Vie et de La Mort, Éditions Dervy, 2019

Vivre sans tête, Le Courrier du Livre, 2016

Vivre sans stress, Accarias-l'Originel, 2010

Etre et ne pas être, Almora, 2008

Collection dirigée par José Le Roy

19 rue Saint-Séverin, 75005 Paris
ISBN: 978-2-35118-539-1

Douglas Harding

La Science de la Première Personne

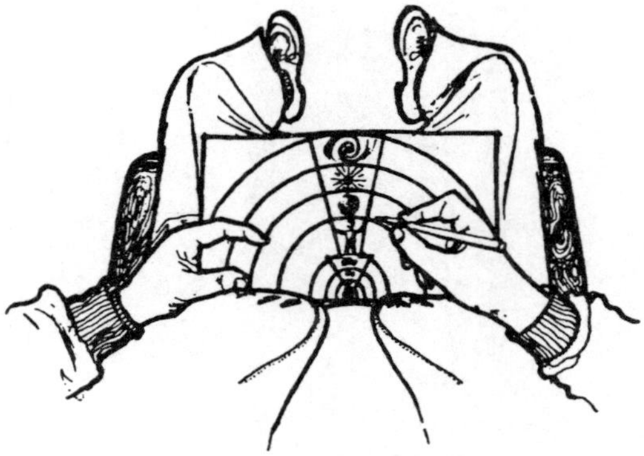

Traduit de l'anglais par Catherine Harding

La majorité des hommes sont des « Je » tronqués : ce que la nature avait prévu comme une virtualité capable d'être affûtée en un « Je » est rapidement émoussée en une troisième personne.
Kierkegaard

Almora
ÉDITIONS

Dieu a créé les sens tournés vers l'extérieur : c'est pourquoi l'homme regarde dehors et jamais en lui. De temps à autre, un être audacieux désirant l'immortalité a inversé son regard et s'est découvert lui-même.

KATHA UPANISHAD

Les seconde et troisième personnes n'apparaissent qu'à la première personne.

RAMANA MAHARSHI

On entend par aliénation un état d'expérience dans lequel le sujet se ressent comme étant un autre. Il est devenu, pourrait-on dire étranger à lui-même. Il ne se perçoit pas comme le centre de son monde... Le sujet aliéné perd tout contact avec lui-même, comme il perd tout contact avec les autres personnes. Lui, comme les autres, est perçu comme les choses sont perçues.

ERICH FROMM

Le sujet n'est pas dans le monde.

WITTGENSTEIN

PROLOGUE

L'objet de ce livre est de replacer dans un contexte moderne et occidental, sans faire la moindre concession, l'enseignement essentiel de la religion spirituelle et son but que l'on appelle Éveil, Illumination ou Libération. Je veux montrer comment cette sagesse ancienne, pré-scientifique, concorde parfaitement avec la pensée contemporaine dominée par la science, dès que l'on débarrasse cette sagesse de ses ornements traditionnels, de ses bizarreries sectaires et de son langage sacré. Certes, je reconnais que la science moderne est d'une grande valeur et même indispensable dans les limites de ses compétences, c'est-à-dire aussi loin qu'elle peut aller. Mais j'affirme que la sagesse ancienne va beaucoup plus loin, qu'elle est à proprement parler plus scientifique et plus raisonnable que la science telle que nous la connaissons ne pourrait jamais l'être, et qu'elle est en fait son complément, tant sur le plan pratique que sur le plan théorique. Autrement dit, je soutiens que la science objective occidentale n'est que la moitié de la vraie science (l'autre moitié étant la science du Sujet ou 1re Personne), et que si nous avons des problèmes, c'est parce que nous croyons qu'elle est tout. Je me propose de commencer ici à corriger cette erreur et de présenter l'Illumination sous une forme qui puisse avoir un sens pour l'Occidental à l'esprit scientifique, et qu'il puisse mettre en pratique immédiatement.

Examinons d'abord rapidement la méthode de la science ordinaire (la science de l'observé, de l'objet, de la 3e personne, bref la SCIENCE-3). Comparons-la ensuite avec celle de son complément (la science de l'observateur, du Sujet, de la 1re Personne, bref la SCIENCE-1). Voyons enfin dans le détail, à l'aide de nombreux exemples (37, pour être précis), comment la SCIENCE-1 rectifie et complète la SCIENCE-3.

LA SCIENCE-3 : SCIENCE DE L'OBSERVÉ

La science telle que nous la connaissons s'intéresse à la structure et au comportement des phénomènes qui constituent l'univers objectif. Son but est de découvrir avec précision ce qui se passe aux divers niveaux d'observation, et de déceler les connexions *horizontales* à tous les niveaux, et les connexions *verticales* entre eux.

Elle tente d'expliquer la configuration des phénomènes présents en fonction de leur passé, de prédire leur avenir et d'indiquer, si possible, comment on peut les contrôler et les mettre au service de l'homme.

Le succès ahurissant de cette méthode de la SCIENCE-3 est dû en grande partie à l'astuce du savant qui, dans le passé, s'est toujours tenu hors du champ d'observation. Cependant, il ne s'élimine pas pour autant. Tout au plus peut-il appliquer sa méthode objective habituelle à lui-même, le Sujet, se transformant ainsi en objet ou 3e personne. Mais ceci n'est pas honnête, car il prétend être le contraire même de ce qu'il est réellement. Il ne peut absolument pas éviter d'être la 1re Personne qui requiert une science qui lui soit propre.

LA SCIENCE-1 : SCIENCE DE L'OBSERVATEUR

Cette science exige que le praticien fasse exactement ce que la SCIENCE-3 interdit : se remettre dans le tableau et prendre sa subjectivité au sérieux. C'est un procédé si révolutionnaire, le sujet d'observation est tellement unique, les résultats sont si remarquables que l'on se trouve en présence d'une sorte de science totalement nouvelle. Rien d'étonnant à cela, car la différence qui existe entre la 1re personne et la 3e personne se retrouve entre leurs sciences respectives : en tout point, la SCIENCE-1 est l'exact opposé de la SCIENCE-3. Mais elle ne contredit rien, n'annule rien. Au contraire, elle amène à sa conclusion logique l'immense travail déjà accompli. Elle n'est en aucune manière anti-scientifique, mais plutôt ultra-scientifique ou métascientifique. Et le procédé est simple : en faisant pivoter son attention de 180° et en s'observant lui-même tel qu'il est pour lui-même, le SAVANT-1 est enfin en mesure de remédier aux carences fondamentales de la SCIENCE-3, et en même temps de résoudre ses propres problèmes fondamentaux, les problèmes de la vie[1].

Voilà des affirmations bien hardies ! Les preuves à l'appui vont suivre. Mais d'abord, vous devez gagner les compétences requises pour continuer à lire, car la Science de la 1re Personne n'aura aucun sens pour vous tant que vous n'aurez pas vu ce qu'est la 1re Personne. Entre les pages 64 et 65 vous trouverez un tunnel en papier plié. Ouvrez-le comme ceci :

1. Wittgenstein dit à propos de la SCIENCE-3 : « Nous avons le sentiment qu'une fois toutes les questions scientifiques résolues, les problèmes de la vie subsistent dans leur totalité. »

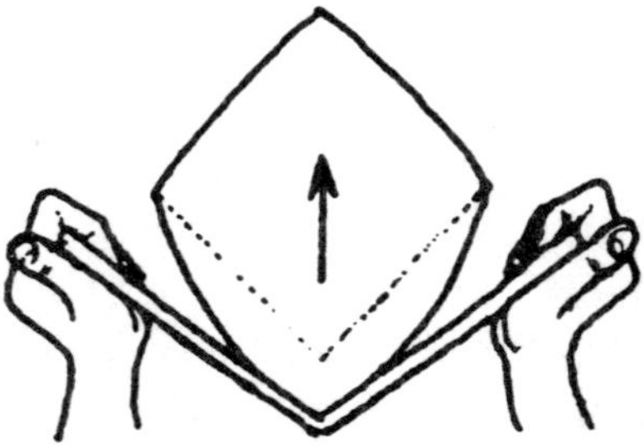

Introduisez votre visage à l'une des extrémités, et placez l'autre contre le miroir de votre salle de bains. Ce que vous voyez sous verre, à l'autre bout du tunnel, c'est vous-même en tant que 3e personne, et ce que vous voyez ici, de votre côté, c'est vous-même en tant que 1re Personne. *Pourrait-il y avoir une différence plus grande entre le visage là-bas et l'Espace qui l'accueille ici ?*

Mais revenons à notre Prologue. Pour vous souvenir de votre nature de 1re Personne tout en lisant, il vous suffit simplement de cesser d'ignorer la Vacuité Consciente qui est de votre côté de ces signes noirs sur papier blanc, et qui les enregistre. Ce que je vous demande là est tout à fait raisonnable. Il serait quelque peu futile de se lancer dans une démarche scientifique tout en refusant de faire aucune des expériences de laboratoire sur lesquelles elle se fonde. Dans le cas de la SCIENCE-1 cela ferait sans doute plus de mal que de bien.

Les citations des mystiques et maîtres sont reproduites en notes en bas de page et non pas dans le texte pour bien souligner qu'elles ne font pas partie de la démonstration présente et qu'elles ne sont certainement pas mentionnées comme faisant autorité. Elles sont seulement destinées à illustrer l'ancienneté et l'universalité de la SCIENCE-1. Le SAVANT-1 vérifie les écritures par l'expérience, et non l'expérience par les écritures.

1 : LA SCIENCE-1 INSISTE SUR LA VÉRIFICATION

Ce qui caractérise une découverte scientifique, c'est qu'elle est vérifiable. Il ne s'agit pas de croire ce que disent même les autorités les plus éminentes. Il faut douter et vérifier. En pratique, cependant, il est rare que cette vérification soit aussi facile et exhaustive qu'elle devrait l'être, et elle n'est presque jamais définitive. Ainsi, une grande partie des connaissances considérées comme établies par la SCIENCE-3 doit, en fait, être sans cesse réexaminée et risque fort d'être révisée.

La SCIENCE-1 est encore plus radicale : court-circuitant toute autorité, elle fait appel à l'expérience de première main. Elle existe pour et par l'expérimentation, et pas autrement. Elle n'a pas de lauriers sur lesquels se reposer. Je ne pourrai jamais vous dire ce que c'est que d'être 1re Personne là où vous êtes car je ne suis pas en position de le faire. Je ne puis que vous dire comment c'est là où je suis, moi, au cas où vous découvririez la même chose chez vous. Mieux encore, je ne peux même pas vous dire (ni me dire à moi-même) à quoi ressemblait cette nature de 1re Personne, ici, hier ou il y a une heure, ou il y a une minute. Je ne peux même pas me fier à ma propre autorité ! Car si au lieu de simplement le penser je vois ce qui est ici, au centre de mon monde, c'est chaque fois une découverte toute nouvelle, indépendante de la mémoire. C'est seulement en les remettant continuellement à jour que je peux vérifier mes découvertes passées avec la rigueur que réclame cette SCIENCE-1 si exigeante. En fait, le passé est révolu, périmé. La SCIENCE-1 est la science de la 1re Personne du singulier du *présent*, car la véritable 1re Personne n'existe que maintenant : mémorisé ou anticipé, l'état de 1re Personne est transformé en objet, en état de 3e personne. Alors que la SCIENCE-3 doit s'appuyer fortement sur l'expérience passée et prendre pour acquis la plus grande partie de son stock de connaissances qui ne cessent de s'accumuler, la SCIENCE-1, elle, ne peut rien prendre pour acquis.

Elle ne peut pas non plus être rejetée comme une simple série d'exercices de subjectivité, des expériences strictement personnelles, vérifiables uniquement par soi-même et ne se prêtant à aucun examen extérieur objectif. Non : ses découvertes sont vérifiables par tout un chacun et par les méthodes habituelles de la SCIENCE-3. Non seulement je vous dis ce qu'il y a ici, c'est-à-dire Rien, mais je vous invite à y venir (si possible avec les instruments adéquats) pour voir vous-même si je dis la vérité. Vous acceptez mon invitation ? Bien. Alors, à mesure que vous approchez n'est-il pas vrai que disparaissent l'une après l'autre les images que vous aviez de moi : homme, visage, carré de peau, cellules, molécules, atomes, etc., et que vous arrivez finalement en un lieu où il ne reste pratiquement rien de moi – exactement comme je vous l'ai dit ? Certes, il vous est impossible de venir exactement là où je suis. Si proche que vous soyez, vous restez un observateur extérieur et donc vous ne pouvez pas me vider complètement. Vous êtes obligé de me laisser faire ce dernier pas, mais c'est la conclusion évidente de toutes les étapes que vous avez franchies en venant vers moi[1].

---

1. Lewis Carroll : *De l'autre côté du miroir :* « "Je crois que je vais aller la voir", dit Alice… "C'est impossible", dit la Rose, "Je vous conseille plutôt de

2 : LA SCIENCE-1 EST ULTRA-ANALYTIQUE

La SCIENCE-3 ne se fonde pas sur les apparences mais examine l'intérieur des choses. Elle les démonte pour voir de quoi elles sont vraiment faites, comment elles fonctionnent. De toute évidence les particules ou ondicules, les quarks ou subquarks auxquels les physiciens ont réduit les corps (jusqu'à nouvel ordre) ne sont pas la fin de l'histoire. Tant qu'il reste quelque chose, si imperceptible que ce soit, le mystère de sa composition demeure. L'observateur est encore éloigné de son matériau et ne pénètre absolument pas dans la chose-en-soi, il n'arrive pas au cœur de la matière : ce qui est à la base de tout, *quoi-que-ce-soit*, est toujours aussi impénétrable.

Mais lorsque le physicien fait pivoter son attention de 180° et s'examine lui-même en tant que 1re Personne, quand il devient son propre et unique échantillon de ce *quoi-que-ce-soit*, quand il prend au sérieux cet unique ensemble de particules sur lequel il est personnellement informé par voie

---

prendre la direction opposée." Alice trouva cela absurde. Elle ne dit rien, mais se dirigea immédiatement vers la Reine Rouge. À sa grande surprise, elle la perdit de vue en un instant. »

Le Coran : « Vous êtes comme un mirage dans le désert que l'homme assoiffé prend pour de l'eau ; mais quand il s'approche, il trouve qu'il n'y a rien. Là où il croyait que c'était, il trouve Dieu. »

interne, et en matière de quoi il est la seule autorité décisive, alors il termine son travail de réduction et observe qu'en dernière analyse ce *quoi-que-ce-soit* est absolument vide, sans forme et sans aucune qualité, mais conscient de lui-même en tant que tel, et ravi de l'être[1]. *Il voit que la Réalité derrière les apparences est une Non-chose consciente d'elle-même en tant qu'absence de choses.* Ou plutôt, il voit que la Réalité *derrière* les apparences est en fait *devant* elles, qu'elle les accueille, et n'est nulle autre que lui-même en tant que 1re Personne. L'expérience du tunnel que vous venez de faire permet de voir cela clairement.

---

1. Le secret de la fleur d'or : « Si un homme veut s'assurer de l'existence de son corps, cela lui est impossible… Dans cette sorte de vision, on ne peut que découvrir l'absence de forme ici. »

Sutra du cœur : « Ici, la forme est le vide. »

Tauler : « Dissous ta forme. »

3 : LA SCIENCE-1 EST ULTRA-SYNTHÉTIQUE

Mais l'analyse n'est que la moitié descendante de l'escalator scientifique. L'objectif opposé, la synthèse – la découverte et l'étude *d'unités écologiques* et *gestalten* de plus en plus compréhensives, et finalement d'une série ascendante complète d'ensembles inorganiques, organiques et supra-organiques (dont les parties ou organes ou fonctions demeurent plus ou moins inexplicables si on les sépare d'eux) – cet objectif, donc, est en train de devenir aussi une fonction respectable et importante de la SCIENCE-3. (Ainsi le climat, le sol, la flore et la faune d'une forêt tropicale se révèlent tellement interdépendants qu'on ne peut les comprendre que si on les considère comme un tout supra-biologique – tout comme à un niveau plus bas les feuilles, les branches et les racines de l'un de ses arbres ne peuvent être compris que si on les envisage comme un tout biologique. Et c'est bien le fait d'un véritable ensemble que de présenter des qualités et des fonctions que l'on ne peut trouver dans ses parties. Chaque niveau différent a ses propres caractéristiques émergentes uniques et imprévisibles.)

Ce travail indispensable qui consiste à réassembler-les-choses est forcément loin d'atteindre son but (qui est la découverte du seul vrai Tout qui inclut tout) tant que le savant refuse de s'inclure lui-même. Comment pourrait-il trouver cette unité s'il se pose en *chose* observante face à la totalité des choses observées, divisant ainsi l'Un en deux ? Mais quand il voit finalement que cette chose observante est une Non-chose, et cependant la source et le contenant vide de toutes les choses qui sont là en face, il voit que les choses sont toutes *là-bas ;* elles lui apparaissent toutes comme *un* contenu, comme un univers, même si elles peuvent sembler incompatibles entre elles une fois séparées de lui. N'étant plus un objet face à une collection d'objets, le SAVANT-1 réapparaît comme le sujet solitaire qui maintient ensemble tous les objets dans une synthèse parfaite[1]. La 1re Personne devient vraiment Rien (Non-chose) en restituant toutes choses à l'ensemble qui devient ainsi vraiment le Tout, car la partie vitale qui lui manquait lui est maintenant rendue.

Cela doit être expérimenté. Il me faut d'abord voir *Ce Que je suis*, ensuite comment cela unifie les choses, et enfin quelle est la qualité émergente de la synthèse.

---

1. Eckhart : « Tant que je suis ceci ou cela, je ne suis pas toutes choses. »
Ramana Maharshi : « Le problème naît quand on dit : "je suis ceci ou cela." Soyez vous-même, c'est tout. »

4 : LA SCIENCE-1 EST D'UNE PRÉCISION MATHÉMATIQUE

Tant que les naturalistes se sont contentés de rédiger des catalogues illustrés sur la Nature, ils sont restés des collectionneurs plutôt que des chercheurs scientifiques. En fait le progrès de la SCIENCE-3 a consisté principalement à développer sa trousse à outils, à remplacer progressivement les instruments primitifs très émoussés – essentiellement des mots et des images – par la lame de rasoir des mathématiques. Malgré cela, il y a de vastes domaines, notamment dans les sciences de la vie, dans lesquels l'outil-langage est encore et surtout anecdotique et descriptif, et nulle part le langage abstrait des mathématiques n'est appliqué strictement aux phénomènes concrets. Les mathématiques de la SCIENCE-3 – la science de l'observé – demeurent inévitablement en deçà de leur propre idéal de précision et d'applicabilité.

Ce qui n'est pas le cas des mathématiques de la SCIENCE-1, la science de l'observateur. Prenons le dénombrement ou le calcul. Il y a trois méthodes : celle de l'enfant, celle de l'adulte et celle de l'adulte qui a retrouvé son esprit d'enfant. (a) Le petit enfant qui se trouve dans une pièce avec quatre personnes compte quatre visages, parce qu'il ne se compte pas du tout lui-même. (b) L'adulte, se comptant à tort comme l'objet n° 1 (ou l'objet n° 5 s'il est poli), dénumère cinq visages. (c) La 1re Personne à l'esprit d'enfant n'en compte à nouveau que quatre car, contrairement au petit enfant, elle ne s'ignore pas en tant que Sujet, et contrairement à l'adulte, elle ne se classe pas parmi les objets. Elle voit qu'elle n'est ni un adulte, ni un enfant, qu'elle n'a jamais grandi du tout en quoi que ce soit, et donc elle ne se compte pas parmi les choses mais s'inclut dans la Non-chose, dans le Zéro. Elle compte toujours à partir de zéro.

(a) L'enfant	1 2 3 4 (il ne se compte pas du tout)
(b) L'adulte SCIENCE-3	1 2 3 4 5 (il compte à tort le Sujet comme l'objet n° 1)
	5 1 2 3 4 (il compte à tort le Sujet comme l'objet n° 5)
(c) L'adulte-esprit d'enfant SCIENCE-1	0 1 2 3 4 (il se compte comme le Sujet 0)

Quel que soit le groupe d'objets que le SAVANT-1 veut compter – yeux, visages, têtes, hommes, corps, ou n'importe quoi d'autre, personnes, idées, qualités – il est conscient de ne leur ressembler en rien, de ne pas du tout appartenir au même groupe. Il voit qu'en tant que 1re Personne, il ne peut en aucun cas être compté parmi ces objets, pas plus qu'on ne compterait la coupe à fruits avec les fruits. La 1re Personne est Zéro par rapport à toutes les choses existantes – essentielle pour les compter mais non impliquée, non classifiable : elle est leur compteur, elle-même non dénombrable. Le SAVANT-3, par contraste, se considère comme une chose parmi les choses, un objet parmi les objets, un numéro à ajouter à la fin des séries, sinon au commencement. Divisé entre cette chose qui observe et ces choses observées, son monde est double. De sorte que si le SAVANT-3 résout beaucoup de problèmes secondaires, il aggrave le problème principal qui est celui de la dualité, la séparation entre le soi et le non-soi, avec toutes les angoisses qui l'accompagnent[1].

La SCIENCE-3 dispose d'un arsenal mathématique très compliqué, la SCIENCE-1 utilise un outil très simple, à savoir le Zéro – moi-même en tant que Rien ou numéro 0, au lieu du numéro 1. Tout ce que, en tant que SAVANT-3, je croyais avoir soustrait au monde, je le lui rends maintenant en tant que SAVANT-1, laissant le Zéro ici et l'Unité là-bas. Et lorsque je refais l'expérience du tunnel – avec à l'autre bout mon propre visage, ou celui d'un autre, ou le monde tel qu'il se présente en cet instant – je prends garde de compter juste. Regardant simultanément l'observateur ici et l'observé là-bas, au lieu de trouver 1 ↔ 2...... je trouve 0 ↔ 1......

Ceci est la formule d'une précision idéale et absolument universelle pour résoudre les problèmes – non seulement le problème fondamental de la dualité, mais par voie de conséquence tous les autres également. Quel que soit le problème, il est désormais là-dehors, dans le 1......, et jamais ici, dans le 0. Le simple fait de le remettre ainsi à sa place est la solution radicale. Et la vie de la 1re Personne n'est en fait rien d'autre que la mise à l'épreuve permanente de cette formule. Selon tous les témoignages, elle ne prouve son efficacité que si on la pratique, jamais si on la prend pour acquise.

---

1. Katha Upanishad : « Dis au mental qu'il n'y a que l'UN. Celui qui divise l'UN erre de mort en mort. »

Brihadaranyaka Upanishad : « Là où il y a deux, il y a la peur. »

5 : LA SCIENCE-1 EST BASÉE SUR LES SENS

La science moderne a commencé par une révolte contre la pensée, en faveur de l'observation directe – une révolte contre cet intellectualisme médiéval débridé qui théorisait indéfiniment sur les choses sans jamais se décider à les observer patiemment et impartialement. En dernier ressort, la SCIENCE-3 fait appel non pas aux concepts mais aux percepts, et c'est uniquement sur cette base sûre qu'elle a réussi à ériger son imposante superstructure qui peut alors se permettre de minimiser et d'éclipser les conceptions spéculatives des Scolastiques médiévaux. Malgré cela, il manquera toujours à la SCIENCE-3 l'humilité totale face à l'évidence. Elle ne peut éviter de théoriser. Car le scientifique est aveugle face à la Nature brute s'il n'a pas quelques préconceptions, une certaine idée de ce qu'il cherche, un cadre à remplir, ou un système de catégories pour structurer ce qui est simplement donné. Les faits observés font peu d'impression tant qu'ils ne sont pas reliés à une hypothèse de départ ou une spéculation non-encore-vérifiée. Bref, pour la SCIENCE-3 si l'observation simple est fondamentale, elle n'est pas suffisante.

Pour la SCIENCE-1 elle est tout. On ne peut ni deviner, ni penser, ni spéculer sur, ni même comprendre le Vide ici ; on ne peut que le percevoir. Le seul fait d'y penser le détruit, car cela lui donne un contenu[1]. Ici, c'est le domaine de la métascience qui, si elle doit fonctionner, ne peut jamais s'éloigner de sa base sensorielle, ses fondations solides qui sont l'empirisme ultra-radical. Elle ne peut même pas avoir un aperçu de son matériau (qui est le savant en lui-même) si elle est aveuglée par la moindre préconception, théorie ou philosophie, ou par un dogme quel qu'il soit. Tout ce qui est demandé, tout ce qui est permis, c'est simplement l'ouverture, l'attention pure. Ainsi, ses découvertes ne sont ni déformées ni fabriquées, elles sont données et évidentes, c'est-à-dire vraiment scientifiques.

Comparée à la SCIENCE-1, la SCIENCE-3 souffre d'un handicap sensoriel. Par exemple, si on peut voir et parfois entendre les étoiles et les galaxies, on ne peut certainement pas les sentir, ni les goûter, ni les toucher. Quant aux particules subatomiques, elles ne peuvent même pas être vues. Par contraste, ce qu'étudie la SCIENCE-1 est accessible à tous les sens. Son procédé ne consiste pas seulement à voir dans les deux directions, mais aussi à entendre dans les deux directions, à goûter dans les deux directions, à sentir dans les deux directions… Tout comme je *vois* en ce moment, ici, de mon côté, le Rien qui fait face à cette page et à cette main, (c'est-à-dire l'absence totale de forme, de structure, de limites, d'opacité, de couleur, de mouvement), aussi bien de ce côté-ci des sons (chants d'oiseaux, moteurs de voitures, cris d'enfants) j'entends le Silence dans lequel ils vont et viennent. De même en ce moment, je *sens* ici, Dieu merci !, l'absence d'odeur de tabac, de cuisine ou d'égouts… Ainsi cette 1re Personne est illuminée

1. Huang-Po : « Les ignorants rejettent ce qu'ils voient, non ce qu'ils pensent ; les sages rejettent ce qu'ils pensent, non ce qu'ils voient. »

Siméon le Nouveau Théologien : « Ô Seigneur, pour moi Tu es totalement visible, et Ta substance se fond dans ma nature. »

par *tous* les sens qui lui révèlent sa nature de terrain de jeu immuable et indispensable pour toutes ces sensations éternellement changeantes. Dans mon exploration des *autres*, j'utilise de mon mieux les sens qui sont disponibles. Dans mon exploration de *Moi-même*, je les utilise tous – à la perfection. Comment pourrais-je me tromper ?

6 : LES DÉCOUVERTES DE LA SCIENCE-1 SONT INDUBITABLES

Il est très possible – et même nécessaire – de douter de ce que je vois *là-bas*. (Ainsi je suis sûr de voir en ce moment quelque chose que j'appelle provisoirement une tache de lumière, mais qu'est-ce exactement qui a cette apparence ? Je n'en suis pas sûr. C'est probablement une étoile, mais cela pourrait tout aussi bien être une galaxie, ou une planète, ou un OVNI, ou un satellite, ou un ballon météorologique, ou une luciole sur la fenêtre, ou même l'effet d'une simple crise de foie). Mais il m'est impossible de douter de ce que je vois *ici*, à savoir l'*Absence* de tache de lumière, de couleurs, de formes, de mouvement ou de quoi que ce soit d'autre. Dans ce cas, il n'est pas question d'interprétation, car il n'y a rien à interpréter. Le Vide ici est lui-même et non une apparence de quelque chose d'autre ; il ne me renvoie à rien d'autre, ne demande aucune explication. Ce qu'il est visiblement, il l'est réellement. Quelle différence avec les données examinées par le SAVANT-3, des données qui ne sont pas du tout ce qu'elles paraissent être ! Son rôle, en fait, consiste à ne jamais juger sur les apparences, à toujours s'interroger et chercher au-delà de ce qu'il voit. Seule cette Absence-de-forme immobile et incolore qui est l'investigateur lui-même en tant que 1re Personne est absolument indubitable et sans équivoque. Celui qui l'est en a la connaissance parfaite. La seule *chose* que je puisse juger sans risque sur son apparence, c'est cette Non-chose, ma propre Vacuité sans visage. Tout le reste a au moins deux visages et est illusoire par sa nature même[1].

---

1. Chuang-Tzu : « Ce que j'appelle vision parfaite, ce n'est pas voir les autres, mais se voir soi-même. »

Shen-Hui : « Voir sa propre nature, c'est voir la Vacuité. Voir la Vacuité, c'est la vraie vision, la vision éternelle. »

7 : LA SCIENCE-1 DÉCOUVRE SANS INTERMÉDIAIRE

La SCIENCE-3 souffre d'un autre handicap : comme l'observateur est toujours à une certaine distance de son matériau, il doit se fier à un troisième larron, un intermédiaire de nature douteuse, un système de communication faillible, un véhicule certainement très différent du message – comme la lumière, ce système ondulatoire compliqué dans l'espace, que l'atmosphère, la vapeur d'eau, la poussière, les particules ionisées, etc., rend plus complexe encore. Si bien que ce qui arrive chez le SAVANT-3 c'est, dans le meilleur des cas, une version du message initial vieillie et marquée par le voyage. Comment tenir compte de chaque cicatrice, de chaque trace laissée par le voyage et de chaque déformation produite par le véhicule même, comment remonter à partir de ce qui se présente ici et maintenant à ce que c'était originellement là-bas, il y a un millionième de seconde ou peut-être un million d'années ? Est-ce que cela peut être la même chose ? Bien sûr le SAVANT-3 prend en considération les déformations les plus grossières dûes au moyen de communication, mais il est obligé d'accepter de confiance la teneur générale du message. La solution idéale, la seule garantie réelle contre toute distorsion serait l'absence de tout intermédiaire, l'observé coïncidant avec l'observateur, ne laissant ainsi aucune place à l'erreur dans la transmission de l'information de l'un à l'autre. Seule la SCIENCE-1, dans laquelle objet et Sujet ne font qu'un, se conforme à cet idéal, ou s'en approche de très près[1].

1. Hsu-Yun : « Qui est donc celui qui répète le nom du Bouddha ? Nous devrions essayer de découvrir d'où vient ce *Qui* et à quoi il ressemble. »

Ruysbroeck : « Dans le Fondement de l'Être où il demeure, le contemplatif plein d'amour ne voit et ne sent rien qu'une Lumière incompréhensible ; et à travers cette Nudité simple qui enveloppe toutes choses, il se trouve, il se sent être cette même Lumière par laquelle il voit, et rien d'autre. »

Wu-Men : « Que le sujet et l'objet soient unis si étroitement que le vent ne puisse passer entre eux. »

8 : LA SCIENCE-1 DÉCOUVRE LE RÉEL

Si minime soit la distance, si clair soit le milieu que l'information doit traverser entre l'objet et son observateur, ils font beaucoup plus que réfracter, déformer et obscurcir ce qui est : la réalité originelle est, en fait, entièrement remodelée en une apparence acquise, un effet lointain totalement différent de sa cause. (Ainsi, vous n'avez pas deux visages humains – un visage apparent que je perçois ici et qui serait le double du visage réel que vous auriez là où vous êtes – mais seulement celui qui est apparent, et quand je m'approche de vous de très près, je découvre qu'il disparaît. Il est alors évident que votre Réalité ne ressemble en rien à votre apparence. Nous pouvons vérifier cela avec tous les objets qui nous entourent : ils disparaissent lorsque nous les examinons de tout près, jusqu'à coïncider avec eux.) D'ailleurs, contrairement au sens commun, la SCIENCE-3 reconnaît être la science des phénomènes et non des noumènes, des apparences périphériques et non de la Réalité centrale, de l'aspect qu'ont les choses et non de ce qu'elles sont. C'est la science du relatif, de la façon dont les choses frappent par hasard l'observateur, et les résultats de son observation dépendent largement de sa position et de ses mouvements. C'est la science de ce qui *semble être*, la science des atours enchantés infiniment variés dont la distance revêt la vérité simple.

La SCIENCE-1, au contraire, est la science désenchantante de ce qui *est*, la science du Réel, de l'origine des apparences, de la Réalité derrière elles. *Celui qui la pratique prend soin de ne choisir comme matériau – littéralement comme sujet – que ce avec quoi il peut coïncider, qu'il peut pénétrer et donc connaître intimement – et considère le reste comme sujet à caution.* Aussi se prend-il lui-même très au sérieux, voyant qu'il est le seul spécimen accessible sur lequel il puisse étudier la réalité des choses. Il prend le Lieu qu'il habite très au sérieux car c'est le seul endroit qu'il ait jamais visité réellement, le seul pays qui ne soit pas ensorcelé et plein de mirages. Ici enfin tout est simple et clair, apparence et Réalité ne font qu'un et ce qui paraît être est exactement ce qui est[1].

---

1. Heidegger : « Aucune époque n'a connu autant de choses aussi diverses sur l'homme, que la nôtre, aucune époque n'a connu moins que la nôtre ce qu'il est. »

Rumi : « Quand tu as brisé et détruit ta propre forme, tu as appris à briser la forme de toutes choses. »

Eckhart : « Si je me connaissais aussi intimement que je le devrais, je connaîtrais parfaitement toutes les créatures. »

Brihadaranyaka Upanishad : « Quand le Soi est vu, entendu, pensé, connu, tout est connu. »

9 : LA SCIENCE-1 NE DÉNATURE RIEN

Non seulement la SCIENCE-3 est inapte à examiner la Réalité elle-même, mais elle n'est guère plus apte à étudier les apparences de la Réalité, car ses découvertes sont faites aux dépens des faits. Pour connaître l'objet qu'elle observe, elle le dénature. Ainsi la présence du spécialiste des sciences humaines dans une situation sociale donnée altère cette situation ; son intérêt évident pour le comportement des gens les fait changer de comportement ; sa personnalité, sa manière de formuler les questions influence beaucoup les réponses qu'il obtient. Ainsi la seule façon dont le biologiste puisse obtenir une image claire de certaines structures cellulaires, c'est en tuant la cellule et en la colorant, si bien qu'il étudie pour ainsi dire un objet de sa propre fabrication. Ainsi la seule façon dont le physicien puisse obtenir des informations sur certaines particules, c'est en les bombardant avec d'autres particules, modifiant ainsi le résultat qu'il cherche.

Les phénomènes étudiés par la SCIENCE-3 sont forcément inconnaissables dans une certaine mesure, parce que dès qu'on veut les examiner en profondeur, il faut leur faire violence. Non que la SCIENCE-3 soit maladroite, mais les objets de son étude sont vagues, indéterminés, fluctuants – et même fuyants, comme c'est le propre des phénomènes[1]. Le

1. Rumi : « La connaissance du monde est une sorte d'ignorance. »

seul remède c'est de passer de ce qui est peu fiable à ce qui est fiable, de l'objet observé au Sujet observant, au seul laboratoire où le savant et son matériau ont des rapports excellents, où ils sont tellement unis qu'aucun ne peut faire de tort à l'autre, et où de toute façon il ne reste Personne qui puisse blesser et Rien qui puisse être blessé[1]. La connaissance non-violente, c'est-à-dire la connaissance véritable ne peut se trouver qu'ici. C'est ici seulement que le savant saisit finalement la Donnée vierge, le Fait non trafiqué, découvre que ce n'est rien d'autre que lui-même en tant que Première Personne du Singulier, et devient enfin vraiment scientifique.

---

1. Eckhart : « La moindre chose, si petite soit-elle, qui adhère à l'âme vous empêche de Me voir. »

10 : LA SCIENCE-1 EST OBJECTIVE

L'idéal de la SCIENCE-3 dans sa forme pure, c'est l'objectivité totale. Son but est le détachement parfait et l'ouverture d'esprit, l'observation et l'interprétation impartiales de la vérité. Et certes, les résultats prouvent qu'elle n'échoue pas totalement dans sa poursuite de ce but élevé. Mais fatalement elle ne réussit pas complètement non plus, pour quatre raisons majeures. Premièrement (comme nous l'avons vu) le SAVANT-3 ne s'intéresse qu'aux apparences de l'objet et non à la Réalité dont elles sont les apparences. Deuxièmement, parmi le nombre infini de ces apparences il ne s'occupe que de quelques-unes qu'il a choisies, et ignore le reste. Troisièmement, même celles qu'il a choisies sont dénaturées (comme nous l'avons vu également) par ses techniques d'observation, et donc partiellement faussées. Quatrièmement (et c'est le plus grave), il ne tient compte que de la moitié variable et plus ou moins impénétrable de l'événement scientifique : l'observé, et ignore la moitié constante : l'observateur lui-même dans sa nature de 1re Personne qui, en tant que tel, est réel et non pas une apparence, et donc le seul élément fiable dans la situation expérimentale ou d'observation.

Inversement, dans la mesure où la SCIENCE-1 s'occupe du réel, du constant, elle est totalement réaliste et fiable : chose curieuse, c'est la science du Sujet qui est parfaitement objective, c'est-à-dire parfaitement scientifique. Et ce n'est pas une objectivité imaginaire qu'on ne saurait avoir qu'en ignorant les objets. Au contraire, la SCIENCE-1 reconnaît avec joie et estime beaucoup (et dans un certain sens inclue) la SCIENCE-3, car elle tient compte non seulement de celui qui voit mais de ce qui est vu, non seulement de la Réalité centrale mais de l'ensemble de toutes ses apparences. Autrement dit, le Vide qu'elle voit est merveilleusement plein et jamais seulement vide. Le Sujet se trouve plein de l'objet, l'Observateur de l'observé, et ils sont un[1]. En d'autres termes encore, tandis que le SAVANT-3 regarde vers l'extérieur, le SAVANT-1 regarde à la fois à l'intérieur et à l'extérieur, simultanément – il regarde à l'intérieur Celui Qui regarde et à l'extérieur ce qui est regardé, et *seule cette attention dans les deux sens est totalement objective.*

Les personnes qui ont effectivement essayé de pratiquer cette forme d'attention affirment que si l'on persiste à regarder dans les deux directions, on voit le monde extérieur d'une manière beaucoup plus fidèle et claire que si on ne regarde que lui, comme s'il n'y avait que lui et pas d'observateur. Ajoutons, cependant, que même cette façon éveillée de regarder le monde ne peut nous en donner une connaissance parfaite, car sa nature même fait qu'il ne peut être examiné que par bribes et jamais dans sa totalité. Seule sa Source nous est donnée tout d'une pièce, et peut être vue entièrement et avec une objectivité parfaite[2].

---

1. Eckhart : « Si l'Âme restait à l'intérieur, elle aurait tout. »

2. Saint Jean de la Croix : « Seul Dieu peut être connu parfaitement car seul Dieu est parfaitement simple. »

Ramana Maharshi : « Les phénomènes sont réels lorsqu'ils sont expérimentés en tant que le Soi, mais illusoires lorsqu'ils sont perçus séparés du Soi. »

11 : LA SCIENCE-1 EST LA DÉCOUVERTE DU CONNAISSABLE

On ne peut connaître que ce qui n'est pas compliqué. Dès que s'introduit la moindre complication, l'occasion surgit, voire la nécessité, de se livrer à des études et ré-interprétations sans fin : chaque nouvelle découverte (et chaque nouveau penseur) entraîne la réévalutation de ce qui existe déjà, et le dernier mot n'est jamais dit sur rien. Manifestement, tout objet ordinaire, comme ma main ou mon visage, est strictement impénétrable, car un examen approfondi de sa texture, de sa configuration, de sa coloration (sans parler des nombreux niveaux de sa structure microscopique) exigerait qu'on y consacre toute une vie et serait même sans cesse dépassé par les ravages que le temps inflige continuellement à l'objet. La Nature ne reste jamais assez immobile pour que l'on puisse prendre sa photo. Elle est bien trop insaisissable pour être capturée, bien trop abondante pour être enfermée dans une bibliothèque ou un laboratoire. La SCIENCE-3 n'a pas le choix : elle ne peut que simplifier à l'extrême et comprimer les données et se contenter de mettre en évidence quelques-unes des caractéristiques fixes les plus significatives qui structurent l'infinie variété de la Nature. Malgré cela, l'univers bridé, schématique et en grande partie symbolique de la SCIENCE-3, et les lois qui le gouvernent, restent extrêmement compliqués. De plus, il y a toujours un doute : dans quelle mesure ces *lois* sont-elles des découvertes valables et non pas de simples conventions imposées par le scientifique ? Et il y a toujours la certitude qu'elles ne sont pas définitives.

La connaissance qui est le propre de la SCIENCE-1 est d'un ordre tout à fait différent : elle est absolue et non pas relative, idéalement transparente, parfaitement et totalement appréhendée dans l'instant. J'imagine sottement que je peux voir ce que je regarde et non pas ce à partir de quoi je regarde, mon visage là-bas dans le miroir et non pas mon absence de visage ici, de ce côté du tunnel. Le fait est que la seule chose que je puisse voir clairement, connaître parfaitement, c'est cette Simplicité ici, où il n'y a rien dans quoi on puisse s'embrouiller, rien à moderniser ou à rattacher à quoi que ce soit d'autre. Bref, seule la connaissance du Soi est la vraie connaissance[1].

---

1. D. T. Suzuki : « L'omniscience est ce qui constitue l'essence de la bouddhéité. Cela ne signifie pas que le Bouddha connaisse chaque chose en détail, mais qu'il a saisi le principe fondamental de l'existence et qu'il a pénétré profondément au Centre de son propre être. »

J. C. Bradley : « S'il y a une chose dont on peut dire qu'elle est intrinsèquement inconnaissable, c'est l'homme. »

Siméon le Nouveau Théologien : « Ô Seigneur, Tu m'es totalement visible et Ta substance se fond dans ma nature. »

12 : LA SCIENCE-1 SE CORRIGE ELLE-MÊME

La SCIENCE-1 possède un dispositif de sécurité ou système d'auto-correction intégré d'une valeur inestimable, qui manque totalement à la SCIENCE-3. Ce n'est pas que je *pourrais* me tromper sur l'objet là-dehors, mais que dans une certaine mesure je *suis obligé* de me tromper, car quelle que soit la façon dont je l'appréhende, je l'appréhende forcément mal. Et inversement, ce n'est pas que j'ai *peut-être* raison en ce qui concerne le Sujet ici, mais que j'ai forcément raison, car le voir, c'est le voir parfaitement tel qu'il a été, est et sera éternellement, exactement comme l'ont vu et le verront tous ceux qui voient[1]. Puisqu'il n'y a Rien à voir, je ne peux pas en voir la moitié, ni le voir à moitié. C'est une découverte de tout-ou-rien (tout-et-Rien), ce qui supprime toute angoisse : je n'ai pas à craindre d'être moins « illuminé » que vous, ou moins avancé, ou défectueux en quoi que ce soit. Voir Cela, c'est la Vision parfaite. Ainsi, il ne peut y avoir une élite, un ordre hiérarchique parmi ceux qui voient, tant que la vision dure. Dans ce sens, la SCIENCE-1 est idéalement démocratique et égalitaire. Elle est par essence à

---

1. Saint Jean de la Croix : « Si tu veux tout savoir, cherche à ne rien savoir. »

Huang-Po : « Débarrassez-vous simplement de toutes formes de mental : ceci est la connaissance pure. »

l'abri de tout abus : elle fonctionne parfaitement ou pas du tout. Quelle différence avec la SCIENCE-3 qui, n'ayant pas de dispositifs de sécurité intégrés, est sans cesse menacée de surchauffe ou de panne ! En fait, c'est quand cette SCIENCE-3 est la plus créatrice qu'elle est le plus sujette aux doutes, aux angoisses, aux rivalités personnelles, souvent même à de violentes disputes.

13 : LA SCIENCE-1 PERMET L'ACCORD UNANIME

Quels que soient les moyens employés pour y parvenir, les découvertes de la SCIENCE-3 ne donnent guère lieu, en général, à des divergences d'opinion ou des débats passionnés. Si tout va bien, elles sont présentées d'une manière si claire, et si rapidement testées, que les gens raisonnables ont partout tendance à être d'accord. Quelles que soient la nationalité, la couleur politique, la religion, la race, la philosophie ou la personnalité du savant, il est probable qu'il acceptera sans discussion la plupart des découvertes en physique et chimie, par exemple, ainsi que leurs applications pratiques. Par ailleurs, il y a des domaines (la psychologie et la sociologie en sont des exemples notoires) où il y a presque autant d'écoles de pensée que de chercheurs, et pratiquement aucun principe reconnu. La vérité, c'est que lorsqu'il s'agit de l'*objet observé* il y a toujours place pour des divergences d'opinions, chacun pouvant souligner un aspect différent ou aborder sa recherche sous un angle différent, et c'est en fait cette latitude qui rend toute la vaste entreprise de la SCIENCE-3 possible.

Mais il ne peut y avoir aucune divergence d'opinions en ce qui concerne l'*Observateur*, car il n'y a rien sur quoi l'on puisse être en désaccord[1]. L'unique sujet sur lequel tous doivent s'entendre c'est précisément le Sujet Unique, la 1re Personne du singulier du présent en laquelle nous sommes tous d'accord parce qu'Ici nous sommes UN. C'est un merveilleux antidote contre les terreurs que suscite un univers inconnu et étranger, qu'il soit de science-fiction ou de science factuelle. Il ramène à La Maison tout le troupeau cosmique, il est la pax romana universelle. Que celui qui savoure sa nature de 1re Personne paraisse préhistorique et fruste, ou au contraire très avancé dans le processus de l'évolution, qu'il soit un lointain habitant de l'espace sidéral, un être fantastique, non-humain, ou quelqu'un dont la civilisation, la religion et la SCIENCE-3 sont incompatibles avec les nôtres, lorsqu'il découvre et apprécie ce Fait éternel et universel c'est toujours la découverte de la même chose par le même Découvreur, et il n'est pas possible qu'il y ait le moindre désaccord.

---

1. Yung-Chia Hsuan-Chueh : « Tout comme le ciel vide, cela n'a pas de frontières, pourtant c'est exactement ici, toujours profond et clair. »

Eckhart : « Dans l'essence de l'âme, pas un grain de poussière ne peut jamais tomber. »

14 : LA SCIENCE-1 EST GRATUITE

La SCIENCE-1 réconcilie tous ceux qui la pratiquent de par le cosmos (quel que soit le nombre de leurs yeux, de leurs antennes, de leurs jambes ou pattes, et de l'endroit où ils les portent !) car Ce Que chacun voit au Centre de lui-même est exactement la même chose que Ce Que son voisin voit au Centre de lui-même et Ce Que tous voient qu'ils sont en réalité. La SCIENCE-1, c'est la découverte qu'en dernier ressort il n'y a qu'un seul Savant, et que la Science ultime est sa propre vision intérieure – uniquement la sienne, gratuite.

La SCIENCE-3 est une entreprise onéreuse : il faut investir dans des quantités énormes d'instruments de valeur, dans des bâtiments et services spéciaux équipés d'une armée d'experts chèrement payés, et malgré cela il y a de nombreux problèmes et la rentabilité est loin d'être acquise. En outre, plus la recherche est fondamentale, plus elle risque de coûter cher. Pour étudier les particules élémentaires d'une part, et les nébuleuses spirales de l'autre, pénétrer dans l'infiniment petit et dans l'infiniment grand, il faut un équipement de pointe, des techniques très avancées et une réflexion très subtile. Il est de plus en plus difficile de franchir la barrière de la vérité.

Pour enfoncer carrément la barrière, il suffit au SAVANT-1 d'être lui-même[1] ; pour terminer le travail poursuivi si laborieusement et à grands frais par la SCIENCE-3, et atteindre effectivement l'infiniment petit et l'infiniment grand, il est déjà parfaitement équipé, de naissance. Il n'a besoin de Rien, pas même de cet excellent microscope infraélectron, le tunnel en papier, si bon marché soit-il. Pour atteindre les profondeurs et les sommets ultimes, il n'a pas besoin d'escabeau, car il n'a jamais été ailleurs. Temps, argent, efforts ne sont nécessaires que pour atteindre ce qui est loin.

---

1. *Le secret de la fleur d'or* : « C'est comme si au milieu de notre être il y avait un non-être… Les Confucéens l'appellent le Centre du Vide. »

Rumi : « Quand un homme est éveillé, il se dissout et meurt. »

15 : LA SCIENCE-1 EST SIMPLE

De même, pour arriver *presque* au cœur des choses, j'ai non seulement besoin de temps, d'argent et d'outils, mais de dons intellectuels hors du commun et de longues études. Alors que pour y arriver *tout à fait*, je n'ai besoin de rien de tout cela, d'aucune compétence. Au contraire, la qualification essentielle c'est d'abandonner toute qualification, de renoncer au savoir et techniques si durement gagnés, pour devenir ce que je suis intrinsèquement – parfaitement simple, un idiot. L'habileté est précisément ce qui m'empêche de voir ce qui est ici, ce qui m'empêche d'être moi-même et tout à fait naturel. Ainsi ce n'est pas le SAVANT-3, si subtil, qui atteint le but de la science, mais le SAVANT-1, candide comme un enfant ou même idiot, qui prend la peine de remarquer qu'en fait il est déjà au but. Ce qui veut dire que l'homme le plus ordinaire, si ignorant soit-il, peut être un savant superbe et l'expert le plus éminent du monde en ce qui compte le plus. Tout ce qu'il doit faire, c'est regarder[1].

---

1. Jésus : « Si vous ne redevenez pas comme de petits enfants, vous n'entrerez jamais au royaume des cieux. »

Eckhart : « Dieu ne peut être vu que par les aveugles, connu que par les ignorants et compris que par les idiots. »

Lao-Tzu : « Le Sage ne voit et n'entend pas plus qu'un enfant. » Saint Thomas d'Aquin : « Rien ne peut être plus simple que Dieu, ni en réalité, ni en termes de notre compréhension. »

16 : LA SCIENCE-1 N'EST PAS SPÉCIALISÉE

Traditionnellement, l'homme de science et philosophe authentique considère que son domaine est l'ensemble du savoir de son époque, et jusqu'à il y a un siècle ou deux, cet idéal a parfois été presque réalisé[1]. En effet, si un savant est *quelqu'un qui sait*, alors plus son savoir est vaste plus il est savant. Mais dans ce cas, le progrès de la SCIENCE-3 a été également le recul du SAVANT-3 qui ne peut plus espérer se maintenir au courant de beaucoup plus que la spécialité qu'il a choisie. La matière est si vaste et son développement si rapide que nul chimiste, biologiste ou psychologue (par exemple) n'a le temps de parcourir toute la littérature périodique traitant de son propre sujet, encore moins de couvrir tout le sujet dans son travail. Concrètement, sa seule chance de faire une découverte originale c'est de concentrer son attention sur, disons, une sorte particulière de molécule, d'organisme ou de maladie, ou une condition psychologique ou une technique thérapeutique particulière. De sorte que, même si la SCIENCE-3 existe bel et bien dans toute sa magnifique diversité et son extraordinaire complexité, elle

---

1. Par Aristote dans l'Antiquité, par exemple, et par des hommes tels que Descartes, Francis Bacon, Leibniz, Pascal et Herbert Spencer dans le monde moderne.

n'existe pas dans sa globalité pour le savant isolé. Elle arrive en pièces détachées et ne peut être assemblée. Il n'y a pas de vue d'ensemble. À dire vrai, elle est incompréhensible et ceux qui la pratiquent sont de moins en moins des savants au sens initial du terme. Plus elle réussit dans le détail, plus elle échoue en tant que discipline globale.

Le SAVANT-1 pousse la spécialisation jusqu'à l'extrême limite et ce faisant il inverse le processus. Il ne sait pas, comme le SAVANT-3, de plus en plus de choses sur de moins en moins de sujets, mais il sait tout sur Rien. Il ne court pas le risque d'être étroit d'esprit, car son Sujet est infini. Il ne peut pas se concentrer sur une partie, car ce Sujet n'a pas de parties. Pratiquer la SCIENCE-1, c'est la pratiquer dans sa totalité. Bref, la réponse au problème de la spécialisation c'est de jeter un coup d'œil sur le spécialiste – mais de l'intérieur. Il peut sans danger et joyeusement borner son attention aux projets de recherche les plus étroits, pourvu qu'il ne perde pas le contact avec Lui-même, avec le Chercheur qui est infiniment spacieux..

17 : LA SCIENCE-1 N'A PAS DE PROBLÈME DE COMMUNICATION

L'une des faiblesses structurales de la SCIENCE-3, c'est que l'accumulation des connaissances implique la défaillance des moyens de transmission : les communications internes tendent à se gripper. Le spécialiste ignore la plupart du travail effectué dans d'autres domaines (qui pourrait cependant s'appliquer au sien) parce que non seulement il n'a ni les compétences ni le temps de se livrer à une étude aussi vaste, mais il lui manque également le jargon approprié. Dans la mesure où chaque domaine scientifique développe son propre langage, le spécialiste se met hors d'atteinte et devient muet[1].

La SCIENCE-1 n'a pas de problème de communication interne. Ici, l'information passe intacte et non déformée – comment pourrait-il y avoir une erreur ? Quand A montre le Vide à B, si B le voit, il le voit exactement comme A. De plus, en cette occasion les mots se révèlent étonnamment pertinents. Le langage si inadéquat lorsqu'il est au service de la SCIENCE-3 s'avère merveilleusement concordant au service de la SCIENCE-1. En outre, il est plein d'allusions profondes,

1. L'histoire des hauts et des bas dans la découverte de l'ADN montre les limites de la communication interdisciplinaire et les difficultés de fonctionnement de la science fragmentée.

d'expressions inspirées à double sens telles que « Je suis *Nothing*, j'ai *Nothing*, je veux *Nothing*, je sais *Nothing*, je suis obsédé par *Nothing*, j'ai confiance en *Nothing*, je crois en *Nothing*... »[1]. C'est comme si le langage avait été créé par le Rien pour Lui-même, et que les simples choses qui émanent du Rien devaient courir leur chance et se débrouiller avec lui. Ainsi, plus je parle de mes pensées et émotions – et surtout de mes expériences spirituelles ou mystiques – plus il y a de chances qu'elles s'évaporent, si bien que finalement tout est faussé et je ne sais pas de quoi je parle. Alors que plus je parle d'*où* ces pensées et émotions viennent, plus je vois immanquablement ce que je veux dire et plus je l'exprime clairement. Cette Source ne brille jamais avec plus d'éclat que lorsqu'on la montre à quelqu'un d'autre (en réalité c'est Elle qui se désigne Elle-même), et alors le langage donne le meilleur de lui-même. Il est étonnant de voir à quel point cette vision facilite la verbalisation, la précision même du langage (de sorte que celui-là même qui parle s'étonne de ce qu'il entend), et une qualité de conversation telle que, par comparaison, les échanges mondains ordinaires ressemblent à une succession de monologues interrompus. Il est sûr que certaines des œuvres littéraires les plus grandes sont de la même inspiration. Ce n'est pas un hasard si la poésie de Rumi et de saint Jean de la Croix, ainsi que la prose d'Eckhart et de Traherne sont prééminentes dans leurs langues respectives ; ou si Shakespeare compare à un singe en colère l'homme qui « ignore le plus ce dont il est le plus assuré, son essence transparente comme le verre ». Les mots qui procèdent de l'absence consciente de cette tête simiesque viennent en droite ligne de l'Essence

---

1. *Nothing* peut être interprété comme : Rien, ou *No thing* = Non chose, absence de choses, et n'est jamais négatif puisqu'il se construit avec un verbe positif = Je suis Rien ou Non-chose. *(N.d.T.)*

pellucide elle-même ; il n'est donc guère surprenant que ce soient des mots puissants, capables de renvoyer celui qui les profère à la transparence de leur Auteur à Qui il prête sa bouche. C'est seulement Cela d'où viennent les mots qui mérite qu'on en parle[1].

Et ce n'est pas tout. Non seulement la SCIENCE-1 a le don des mots, mais elle a également celui des formes : elle possède sa propre collection de diagrammes spatiaux ou atlas de cartes qui favorisent beaucoup la communication en montrant instantanément ce qu'il faut beaucoup de temps pour expliquer avec des mots. C'est le cas de notre mandala ou schéma de l'oignon qui est essentiellement un nid de cercles concentriques autour d'un centre : le centre est la 1re Personne et les cercles sont le système de ses apparences régionales en tant que 3e personne, telles qu'elles se manifestent pour les observateurs dont la distance détermine le statut humain ou non-humain de ce qu'ils observent. Ou encore notre pyramide des ensembles et des parties, avec le TOUT (ou 1re Personne en tant que Toutes Choses) au sommet, *la matière ultime* (ou 1re Personne en tant que Rien ou Non-chose) à la base, et l'homme à mi-chemin entre les deux.

Apparences du réel

Parties du tout

1. D'où la tendance de ceux qui regardent vers l'intérieur – si étrange et même perverse pour ceux qui regardent vers l'extérieur – d'explorer indéfiniment leur Transparence ensemble. Et bien qu'il n'y ait Rien à en dire, on ne peut s'arrêter d'en parler, car chacun voit enfin dans les profondeurs infinies de l'autre ! Cette intimité authentique, cette conversation salutaire est satisfaisante au-delà de toute expression car, en fait, Celui Qui parle et Celui Qui écoute ne font qu'UN.

Certes une carte ne remplace pas le territoire, mais elle lui ressemble bien. Dans le domaine des mots, on ne peut en dire autant que pour les onomatopées comme *plouf* ou *bang*. Les autres, pour la plupart, n'ont aucun rapport avec ce qu'ils représentent. Le mot *Je* n'est pas plus l'expérience du *Je* que le mot *rouge* n'est teinté de rouge. Il est notoire que les mots se substituent à leur sens. Ceci est tragiquement vrai lorsqu'ils s'appliquent à ma nature de 1re Personne. Parler, lire et écrire au sujet de Qui je suis, sans voir Qui je suis, c'est un moyen vieux comme le monde d'échapper à Qui je suis. Quelques minutes consacrées à une expérience qui dirige à nouveau mon attention vers le Lieu que J'occupe (la traversée du tunnel en papier, par exemple) valent une vie entière consacrée à étudier et commenter ce retour au centre. Dans un *laboratoire* ou *atelier* type comportant de dix à trente participants et dont la durée peut aller de trois heures à plusieurs jours, il est possible de pratiquer une vingtaine d'expériences de ce genre qui toutes ont un seul et unique but : la découverte sans cesse renouvelée de la 1re Personne du singulier sous tous les angles possibles. Dans un *laboratoire* réussi, il n'y a pas de problèmes de communication, parce qu'il n'y a pas d'interlocuteurs séparés. Et assurément, il n'y a pas de distinction entre les anciens *voyants* et les novices, et pas d'enseignement, simplement la joie d'une identité partagée – de la 1re Personne du singulier s'éveillant à la 1re Personne du singulier[1].

---

1. George MacDonald : « C'est en Dieu seul que l'homme peut rencontrer l'homme. »

18 : LA SCIENCE-1 MONTRE COMMENT LE LANGAGE ENTRETIENT L'ILLUSION

Le langage est vénal. Au service de la vérité de la 1re Personne, il attire l'attention sur la 1re Personne – témoin cet essai. Au service des fictions de la 3e personne, du sens commun et des convenances sociales, il cache la 1re Personne sous un épais écran de fumée verbal. C'était à prévoir. Car l'origine et le développement du langage et de l'écriture, aussi bien dans l'histoire de la race que dans celle de l'individu, coïncident avec l'origine et le développement de l'illusion humaine fondamentale – l'illusion que la 1re Personne est irréelle. Le langage est complice de cette illusion ou escroquerie car sa structure et son utilisation la favorisent de toutes les façons. Voilà pourquoi les sages ont dit que nous ne trouverons la vérité qu'en devenant comme des petits enfants qui n'ont pas appris à parler.

Ils l'ont dit sur tous les tons, avec éloquence ! Dans ce chapitre, nous aussi utilisons le langage pour en dénoncer et corriger le vice fondamental.

(A) Le langage ignore la 1re Personne

Prenez l'affirmation « Jack voit Jill ». Elle paraît pleine de sens et tout semble dit une fois pour toutes. Mais en fait, elle est incomplète, c'est une abstraction. Elle élude la question de qui la prononce et à quel titre. Corrigée, elle devient : « Je vois (pense, imagine, crois, dis…) que Jack voit Jill. »

Car en fait, la phrase « Jack voit Jill » ne surgit pas dans un vide ou un nulle part ; elle se déploie là, dans mon univers, dans ce que j'appelle sa région humaine ou la couche humaine de l'oignon : c'est une phrase *segmentale*. En tant que telle, elle implique la phrase *radiale* « Je vois… », qui part du Cœur de l'oignon ici, pour aller dans la couche extérieure là-bas. La phrase complétée « Je vois que Jack voit Jill » est radiale-segmentale. Elle tient compte de la façon de voir de la SCIENCE-1 qui est la vision dans les deux sens.

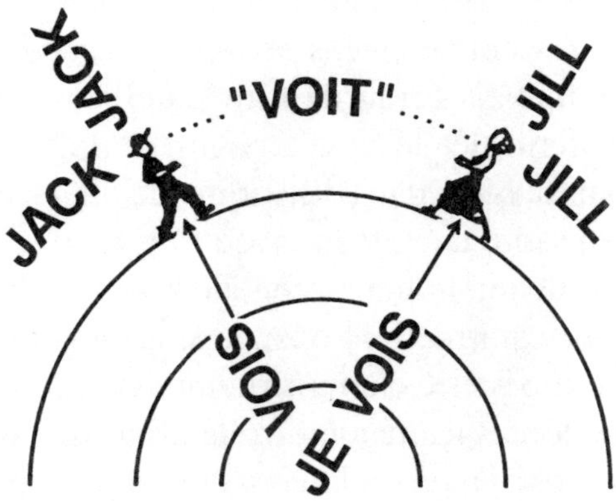

La SCIENCE-3 repose sur la vision à sens unique, avec des phrases uniquement segmentales comme « Jack voit Jill », qui ignorent leur contrepartie radiale – comme s'il pouvait y avoir des têtes là-bas sans une non-tête ici, des phrases sans quelqu'un qui parle, la science sans un homme de science ! Conduit fallacieusement par les abstractions du langage à ignorer totalement la 1re Personne, le SAVANT-3 *s'imagine* être une chose minuscule, accidentelle, solitaire, superflue, dans un univers étranger. S'éveillant de ce cauchemar, le

SAVANT-1 *voit* qu'il est capacité infinie pour accueillir l'univers des choses, plein de tout son espace-temps, un avec ses habitants, et indispensable

(B) Le langage nous joue le tour de la 1re Personne du pluriel

Le tour le plus rusé que nous nous soyons jamais joué à nous-même, c'est précisément le mot : nous. *Il n'y a pas de 1re* Personne du pluriel. Je ne peux raisonnablement me mettre dans le même sac que Jack et Jill que si je leur ressemble, et je ne leur ressemble absolument pas. Je n'ai jamais réussi à dénicher ce monstre célèbre mais chimérique appelé *nous. Je n'ai même jamais entrevu ne serait-ce que le bout de la queue de cet inconcevable hybride*[1].

Quand je dis « Je vois Jack » et « Jack voit Jill », je présume naturellement que le mot *voir* a le même sens dans les deux phrases. Alors je déforme les faits pour qu'ils s'adaptent au langage. *J'observe* que Jill est distincte et distante de Jack, et face à face avec lui dans une relation symétrique, et *m'imagine* ensuite que je suis dans une situation semblable – distinct et à une certaine distance de Jill, face à face avec elle, dans une relation symétrique. Mais en fait, ce n'est pas comme cela du tout. Ici, *il n'y a pas* un observateur distinct et à une certaine distance de Jill ; elle et moi sommes face à *non*-face, et la relation n'est *pas* symétrique. Pas étonnant que je sois berné lorsque le même mot est utilisé dans deux sens complètement différents ! Pas étonnant que je m'imagine que je dois être ici comme Jack et Jill

1. Eckhart : « Le mot *sum, je suis*, ne peut être prononcé par aucune créature, mais seulement pas Dieu. »

Devikalottara : « Je suis seul. Je suis le Brahman Suprême... Telle est la ferme conviction du Mukta. Toutes les autres expériences mènent à l'esclavage. »

là-bas, que ma façon de voir doit être identique à la leur.

Il en est de même avec les verbes en général : ils sont secrètement doubles, divisés en deux, obligés d'avoir deux sens opposés. Prenons encore quelques exemples : « Nous trois – Jack, Jill et moi – goûtons notre soupe » signifie en réalité : « La soupe entre dans ces deux têtes-là, et elle n'a aucun goût ; la soupe entre dans cette Non-tête et elle a un goût merveilleux ». « J'ai vu Jack marcher dans la campagne et je l'ai suivi » signifie en réalité : « J'ai vu Jack se déplacer à travers la campagne qui ne lui prêtait aucune attention. Ensuite j'ai vu toute la campagne se déplacer à travers moi, à des allures très différentes selon la distance : les nuages et les collines lentement, les arbres et les maisons plus vite, les haies au bord de la route encore plus vite ». Et « Jill regarde à travers ce verre bleu, je regarde à travers ce verre rouge » signifie en réalité : « Le visage de Jill devient bleu, mon univers devient rouge ».

Que d'efforts pour étouffer la vérité ! Les mots peuvent me convaincre et me dissuader de n'importe quoi, ils peuvent me faire *voir* ce qui n'est pas vu, et *ne pas voir* ce qui est vu. Je ne vois que ce que me permettent de voir les mots, ces petites marques sur du papier, ces sons bizarres ! Le don fatal du langage a le terrible pouvoir de dépouiller ma vie de son authenticité, de la priver de son cœur même. En avalant ce poison, la 1re Personne se condamne à devenir 3e personne, c'est-à-dire au suicide.

(c) Le langage contamine la 1re Personne avec des pensées et des émotions

Lorsque je dis à mes deux compagnons et à moi-même « Je m'inquiète », « Je pense », « Je crains », « Je sympathise », « J'aime », « Je suis dans un état de… », etc., je suppose que ces phrases sont complètes et doivent signifier quelque chose. En fait, elles sont tronquées : cette fois, le Sujet est dépouillé de son objet, et non le contraire. Elles impliquent que je suis capable de faire l'expérience des pensées, de l'inquiétude, de la peur, de l'amour, etc., ici même, en moi-même, sans référence aux objets auxquels je pense, dont je m'inquiète, que je redoute ou aime… Ainsi j'en arrive à croire qu'il y a en mon centre une mare ou un cloaque de pensées et de sentiments qui inondent et polluent ma clarté intérieure, un marécage subjectif, un monde intérieur personnel très encombré. Mais lorsque je porte mon attention sur ce Lieu et essaie de faire l'expérience, ici même, des pensées, de l'inquiétude, de la peur, de l'amour, etc., je ne trouve Rien : ce n'est que lorsqu'elles quittent la 1re Personne ici, pour aller dans le monde des 3e personnes là-bas, se déposer sur leurs objets (par exemple Jack et Jill), que ces émotions existent. Ici, la Source de l'expérience demeure parfaitement calme et claire, non contaminée par ce qui émane d'elle. « Je pense à Jill », « Je m'inquiète au sujet de Jack », « J'ai une douleur dans la poitrine », etc., sont centrifuges, comme toutes les phrases radiales et je ne vois aucun mouvement qui me ramène au *Je* initial. Je vois que je suis conscience pure et libre au Centre, malgré tous les efforts déployés par le langage, avec ses phrases tronquées comme « Je suis inquiet », « J'ai mal », « J'imagine », pour me persuader du contraire[1].

(d) Le langage contamine aussi la 3e personne

Le langage lance alors trois attaques contre moi, m'amenant à croire qu'en tant que 1re Personne je suis superflu, que je suis une simple petite chose appelée 3e personne

1. Sankara : « Ayant réalisé que son véritable Soi est espace, le Sage, sans attachements ni désirs, ne s'accroche à rien. »

et que cette chose est saturée de pensées et d'émotions. Il serait surprenant qu'une telle entreprise de duperie s'arrête là et que le langage m'autorise à être lucide dans d'autres domaines alors que je suis tellement dans l'erreur en ce qui me concerne personnellement. En fait, il contamine aussi les 3es personnes. Quand je dis « Jill pense à moi, m'aime, me critique… » il m'est difficile de ne pas attribuer une conscience à Jill en tant que 3e personne, à cet organisme opaque surmonté d'une tête. Le langage suggère que derrière cette surface mouvante, colorée, il y a un habitant fantomatique, un lutin qui me guigne à travers ces yeux, un minuscule penseur très actif, en train de m'évaluer. Tous les visages deviennent démoniaques : je suis entouré de ces objets extraordinaires que je peux à peine supporter de regarder parce qu'ils sont tellement hantés, tellement chargés. Il est très angoissant de vivre dans un tel univers. Un comportement naturel et aimant devient impossible. Le langage est structuré autour de la fiction qui veut qu'il y ait des consciences séparées, une par individu. Consciences séparées égalent aliénation, aliénation égale désespoir. Comment pourrait-il y avoir deux sortes de consciences : la mienne, délicieusement illimitée, libre, non encombrée, inséparable de la Conscience en général, et la leur malheureusement divisée en petits morceaux enfermés dans des boîtes minuscules[1] ?

La Conscience n'a jamais été dans ces têtes là-bas : elles sont dans la Conscience. La Conscience n'est pas une chose

---

1. Pai-Yun : « Là où demeurent les autres, je ne demeure pas… Là où vont les autres, je ne vais pas. Cela ne signifie pas que je refuse de m'associer aux autres gens, mais qu'il faut distinguer le noir du blanc. »

Eugen Herrigel : « Ce dont vous faites l'expérience en ce qui concerne votre propre soi n'est pas transféré par analogie aux autres soi, encore moins aux choses ; toutes ces autres formes sont expérimentées directement aussi, à partir de l'Origine. »

que l'on puisse diviser et partager entre d'autres choses. Elle est la prérogative, l'Essence infinie de l'unique 1re Personne du singulier du présent : imaginer qu'elle puisse être tapie dans les 3es personnes en tant que telle est aussi courant qu'absurde, et aussi absurde qu'affligeant.

(E) Le langage contamine les objets non humains

Prenez la phrase « Ces arbres sont beaux (sains, utiles, intéressants...) ». C'est encore une phrase segmentale qui en implique une radiale, de sorte que la phrase complète est la suivante : « Je vois (trouve, pense, crois...) qu'ils sont beaux, etc. ». Concrètement, lorsque j'ignore cette composante radiale, lorsque je regarde dans une seule direction en ignorant la 1re Personne, je suppose inévitablement que je suis une chose ici en relation avec une chose là-bas. Au lieu de la contenir, je me dresse contre elle, je suis limité par elle, peut-être même menacé par elle. En tout cas je ne suis pas ouvert pour l'accueillir. Je suis incapable de la voir clairement, sans préjugé, simplement telle qu'elle m'est donnée. Mais quand je vois que je suis Non-chose remplie de cette chose, je deviens elle, je la vois telle qu'elle est. Quand, trompé par le langage, je crois que je suis dans le monde, je suis aveuglé par le monde. Mais quand, me fiant à ma perception je vois que le monde est en moi, je le vois réellement.

(F) Conclusion

La SCIENCE-3 a hérité du langage du sens commun, qui est celui du *faire-semblant*. C'est l'arme de la société la plus efficace pour réprimer la 1re Personne (toujours dangereuse). L'une des principales fonctions pratiques de la SCIENCE-1 est de ne pas se laisser tromper par la duplicité innée du langage tel que nous l'utilisons actuellement, et de le réemployer au service non plus de fictions sociales périmées, mais de ce qui est réellement donné. Au lieu d'adapter les faits au langage, il faut adapter le langage aux faits.

Employé correctement, ce qui induit en erreur devient ce qui éclaire. Dans ce chapitre, nous avons utilisé le langage pour dénoncer son ambiguïté trompeuse et réhabiliter la 1re Personne. Comme nous l'avons remarqué dans le chapitre 17, il se prête parfaitement à cela. Au service de la SCIENCE-1 il peut se révéler aussi honnête qu'il a pu se montrer corrompu au service de la SCIENCE-3 et du sens commun.

19 : LA SCIENCE-1 N'EST JAMAIS ENNUYEUSE

Il serait naturel de s'attendre à ce que, une fois faite et vérifiée, la découverte fondamentale de la SCIENCE-1 cesse de nous intéresser. Que pourrait-il y avoir de plus ennuyeux que la vision du Vide absolu sinon cette vision constamment répétée jusqu'à ce qu'elle remplisse – ou vide – toute notre vie ? Les découvertes de la SCIENCE-3 offrent au moins quelque chose à se mettre sous la dent. Elles présentent au moins un contenu – même si ce contenu est souvent peu appétissant, maigre, abstrait et perd rapidement de son intérêt à mesure que se dissipe l'exaltation initiale de la découverte.

L'un des paradoxes du Vide ici, c'est que, bien qu'il soit toujours le même, plus on l'observe plus il est intriguant, surprenant, merveilleux, précieux. Ici, et uniquement Ici, l'intimité engendre le respect, la consécration, la vénération. Il ne s'agit pas ici de théorie, mais d'observation, chacun pour soi. De l'avis général de ceux qui en font l'expérience, toute chose prise séparément devient tôt ou tard terne et ennuyeuse, alors que la Non-chose d'où elle émane ne perd jamais son éclat. Et ce n'est pas la fin de l'histoire. Voici la suite étonnamment heureuse : lorsqu'on les voit de la seule façon dont elles puissent être réellement vues, c'est-à-dire à partir de leur Origine ici, toutes ces choses émergentes – si ennuyeuses par elles-mêmes – revêtent la splendeur de cette Origine. Elles ont le goût rafraîchissant de leur Source, le parfum de leur terre natale, le Pays de la Clarté Éternelle. Ainsi, alors que la SCIENCE-3 exige souvent un travail ardu, décevant et monotone, celui que demande la SCIENCE-1 est simple, gratifiant et fascinant – en fait il ne s'agit pas tant de travail que de plaisir et de repos.

Et bien sûr, il est normal que le Vide exerce une telle fascination, qu'il se révèle être l'obsession qui met fin à toutes les obsessions. Certes, il ne pourrait pas être plus neutre, mais quelle Neutralité magique pleine de ressources ! C'est de cette Lumière blanche que rayonne éternellement le somptueux kaléidoscope de l'univers. C'est de ce chapeau haut-de-forme infra-microscopique que surgissent tous les accessoires et tous les acteurs qui vont et viennent sur la scène du monde. Quelle merveille que cette superbe Corne d'Abondance soit éveillée à elle-même et comme il est naturel que je ne me lasse jamais de sa propre Conscience de Soi en moi ! Qu'est-ce qui dans le monde pourrait à juste titre *mériter* autant d'intérêt que Cela d'où tout procède ? S'il y a quelque chose que la 1re Personne puisse déplorer, c'est certainement que les produits là-dehors ne soient pas assez ennuyeux et que leur monotonie ne nous renvoie pas plus rapidement à leur Producteur Initial, ici[1].

---

1. Érigène : « Toute créature visible et invisible est une théophanie, une apparence de Dieu. »

Gampopa : « C'est une grande joie de réaliser que la Nature Fondamentale est dépourvue de qualités. »

Te-Shan : « Le Vide fonctionne mystérieusement, la Vacuité fait des merveilles. »

20 : LA SCIENCE-1 EST DÉSINTÉRESSÉE

Idéalement, la SCIENCE-3 fait valoir ce qu'il y a de meilleur dans un homme : humilité face à l'évidence, respect de la vérité même alarmante ou invraisemblable, patience infinie et consécration totale, détachement par rapport aux résultats, positifs ou négatifs[1]. Mais évidemment, la SCIENCE-3 est rarement tout à fait aussi désintéressée, et le SAVANT-3 jamais. Il doit penser à sa situation, à sa réputation, à sa famille. C'est la SCIENCE-1 qui parfait les vertus de la SCIENCE-3. Car la nature même de la matière qui fait l'objet de son étude garantit que la SCIENCE-1 est totalement désintéressée, sans aucune visée sur le résultat, qu'il soit matériel, psychologique ou spirituel. (Surtout pas le dernier : l'obstacle le plus efficace à l'Éveil, c'est la religion elle-même, notre avidité spirituelle.) Il n'y a rien à gagner dans Rien. La SCIENCE-1 ne fonctionne que si l'on prête attention (sans concepts ou motifs secrets – ni aucun motif, d'ailleurs) à la Donnée absolument neutre, ici, dans toute

---

1. William James : « Lorsqu'on se tourne vers le magnifique édifice des sciences physiques et que l'on voit comment il a été érigé – combien de milliers de vies d'hommes désintéressés sont enterrées dans ses seules fondations ; quelle patience, quel renoncement, quelle soumission aux froides lois des faits extérieurs sont coulés dans ses pierres et son mortier ; comme il demeure absolument impersonnel dans son auguste grandeur – qu'il semble alors stupide et méprisable le petit sentimental qui souffle ses petits ronds de fumée volontaires et prétend décider de tout selon son rêve personnel ! »

sa pauvreté et sans aucune promesse de récompense. Peu importe que, paradoxalement, cette Pauvreté soit source de richesse infinie. L'Absence doit être acceptée comme absence, et non comme la présence d'une mine d'or bien cachée. L'or arrive à coup sûr, mais sans qu'on l'ait recherché, à son heure et sous une forme imprévisible.

Contrairement à la SCIENCE-1, la SCIENCE-3 a toujours le problème de partager ses ressources limitées entre la recherche pure et ses applications pratiques. Vérité et utilité – la recherche désintéressée de la connaissance d'une part et l'exploitation personnelle ou sociale de cette connaissance de l'autre – ne sont pas facilement réconciliées, tant s'en faut. La SCIENCE-1, elle, n'a pas ce problème. Elle est vraiment la science pure. En fait, c'est la seule discipline qui ne cherche aucun profit, ni pour le savant lui-même, ni pour son pays, ni pour le monde.

21 : LA SCIENCE-1 EST FERTILE

L'une des caractéristiques des découvertes vraiment importantes de la SCIENCE-3, c'est qu'elles débordent de leur champ d'investigation sur les champs voisins qu'elles fertilisent ainsi. (L'exemple type, c'est l'idée de l'Évolution qui s'est rapidement étendue de la botanique et la zoologie à la plupart des autres disciplines, pour leur plus grand bénéfice). À première vue, ce que découvre la SCIENCE-1 – le Vide – doit être dépourvu de tout intérêt pour la SCIENCE-3. Et pourtant, la SCIENCE-3 doit beaucoup à la SCIENCE-1. Sa dette comporte une contribution tout à fait spécifique. La SCIENCE-3 est basée sur les mathématiques, qui elles-mêmes sont basées sur le Zéro ou *Sunya*, qui a son tour n'est autre que le Vide qui est le but de la méditation orientale. Les philosophes islamiques l'ont hérité des sages indiens. Et nous-mêmes, aujourd'hui, ne commençons-nous pas à découvrir ici, en Occident – parmi les bénéfices inattendus et non recherchés de l'expérience de ce même Vide (i.e. la 1re Personne) – toutes les aventures de l'esprit, toute la fécondité intellectuelle que nous pourrions raisonnablement souhaiter ? En particulier, n'avons-nous pas ici la solution des problèmes éternels que la SCIENCE-3 et le sens commun posent depuis toujours mais sont incapables de résoudre ? Dans cet Essai nous ne faisons que commencer à explorer l'inspiration qui peut jaillir de la 1re Personne consciente.

Il est certain que tant que je fabrique ici ce bouchon central, cette caboche de tête, cette boule solide et opaque, comme noyau de mon univers, je ne suis pas seulement dur et fermé, mais bouché, j'ai l'esprit étroit, ma vision est bloquée, mon intelligence obscurcie, mon image du monde déformée. Avec un tel bâton dans les roues, c'est merveille que je puisse encore avancer. Inversement, lorsque je dissous cette protubérance imaginaire en voyant Ce Qu'il y a réellement ici, il est à prévoir que l'univers déployé autour, ou mieux : au sein de cette simple Clarté, sera lui-même illuminé et rendu à son état naturel. Se tromper (et voir une tête ici c'est vraiment se tromper) sur le fait central de mon monde, c'est se tromper sur tout le reste. S'attendre à autre chose (comme si l'on pouvait être sain d'esprit à l'extérieur et fou à l'intérieur), c'est comme s'attendre à ce qu'une montre puisse marcher sans son ressort principal, un arbre fleurir sans ses racines, une lampe briller sans mèche ou sans huile. Comme il est étrange que le seul endroit de l'univers que j'aie systématiquement ignoré se révèle être le seul endroit qui compte, le Terrain plus-que-sacré qui est précisément La Solution de tous les problèmes, la Source Vive de toute la création[1].

On ne peut pas non plus dire de la SCIENCE-1 qu'elle résolve de vieilles énigmes sans en soulever de nouvelles qui soient intéressantes, qu'elle n'inspire aucun programme de recherche, aucune découverte dans le domaine objectif

---

1. Tai-Hui : « La précieuse épée Vajra est ici-même et son but est de couper la tête. »

Rumi : « Décapitez-vous ! »

Attar : « Vous devez choisir entre deux choses – soit avoir la tête coupée, soit partir en exil… Celui qui M'aime, mais préfère sa tête, n'est pas un véritable amant. »

Hafiz : « Comme elle est merveilleuse la voie de l'amour, où celui qui a perdu sa tête est roi ! »

de la SCIENCE-3 et que dans ce sens-là, du moins, elle soit stérile. Bien au contraire : elle a révélé toute une série de problèmes qui ne demandent qu'à être examinés par les méthodes scientifiques ordinaires. Par exemple, on a remarqué que lorsqu'un sujet voit sa propre Vacuité, son pouls a tendance à ralentir, sa respiration devient plus superficielle et plus lente (parfois presque imperceptible), ses muscles se détendent, ses perceptions sont plus fines, son travail est meilleur en quantité et en qualité, sa concentration est plus soutenue, la communication avec les autres est plus facile, sa timidité et autres symptômes morbides diminuent ou même disparaissent complètement. Grâce à l'encéphalographie, on a la preuve que les impulsions électriques du cerveau sont largement modifiées. De toutes sortes de façons qui restent à explorer, voir clairement Ce Que l'on est au centre change énormément ce que l'on est à la périphérie. Nous pouvons dire alors avec certitude que la merveilleuse fertilité de la SCIENCE-1 affecte profondément la SCIENCE-3.

Mais tout cela n'est trois fois rien comparé au rôle inspirateur de la SCIENCE-1. En bref, la SCIENCE-3 et ses applications progressent de deux façons différentes : par une succession de petits pas, ou par sauts intermittents. C'est-à-dire en améliorant progressivement les idées et appareils existants ou en en inventant de nouveaux. Sa pensée est essentiellement graduelle et sans surprise ou *linéaire*, et de temps en temps soudaine et inspirée ou *latérale*[1]. Le développement du bateau à voile, sur des milliers d'années, à partir du lougre à un mât et une voile carrée jusqu'à la goélette à quatre mâts était le produit de la pensée linéaire. Alors que le passage du bateau à voile au bateau à roues, puis au navire à hélice et à l'aéroglisseur fut chaque fois le produit

---

1. Je suis redevable aux œuvres de Edward De Bono pour ces termes si utiles.

de la pensée latérale. *La pensée latérale est l'affaire de la* SCIENCE-*1, la pensée linéaire celle de la* SCIENCE-*3*. Et *les deux* sont notre affaire, à vous et à moi.

Pour que le nouveau puisse arriver, il faut que le vieux s'en aille. La SCIENCE-1 est toujours nouvelle, elle repart sans cesse à zéro. L'esprit grand ouvert, sans idées préconçues, qui saisit au vol les idées imprévisibles et fraîches comme la rosée – telle est la spécialité, le génie, le sceau, l'élément vital de la SCIENCE-1. Elle n'a pas de lauriers sur lesquels se reposer, ni de théorie à prouver, ni d'opinions à défendre. En fait, elle n'a aucun passé, en contradiction totale avec la SCIENCE-3. Elles ne pourraient pas être plus différentes à cet égard, ou plus complémentaires. L'une apporte l'inspiration, l'autre la sueur, dont aucun d'entre nous ne peut se passer.

22 : LE TUNNEL : LA SCIENCE-1 ÉTABLIT MON IMMORTALITÉ

De nos jours, grâce aux miracles des soins intensifs, de plus en plus de malades qui ont frôlé la mort (pour certains, la *mort clinique* a été réellement annoncée) ressuscitent pour raconter leur histoire qui s'avère étonnamment positive et cohérente. En voici les grandes lignes. Le patient se retrouve hors du corps blessé, en train de l'observer avec un certain détachement. Puis, il est propulsé le long d'un tunnel sombre vers une Lumière qui luit à l'autre bout. Lorsqu'il rejoint cette Lumière, il découvre qu'elle est incomparablement brillante mais pas du tout aveuglante. Il arrive qu'il se fonde dans cette Lumière qui, loin d'être purement physique, est plutôt une Entité consciente et accueillante. Que cette Entité soit reconnue comme Dieu, ou le Christ, ou quelque autre Être Divin, ou la Lumière de la Conscience Elle-même, dépend évidemment des croyances et attentes du patient. Finalement, une fois guéri et revenu à la vie quotidienne, il découvre que sa peur de la mort a beaucoup diminué, ou carrément disparu.

Il y a beaucoup de variantes mineures dans ces Expériences Proches de la Mort. Il n'y en a pas deux exactement semblables. Mais ces trois ingrédients principaux – la distanciation, le tunnel et la Lumière à l'autre bout – sont la norme à laquelle vous et moi pouvons nous attendre en toute confiance.

Oui, cet ensemble de témoignages qui ne cessent de se multiplier sur la phase qui précède la mort est réconfortant, c'est le moins qu'on puisse en dire. Seul un rabat-joie ou un défaitiste endurci épris d'auto-destruction pourrait les rejeter en prétendant qu'ils n'ont aucun intérêt. Néanmoins, les preuves de ce genre sont anecdotiques, fondées sur des ouï-dire. À moins d'anticiper sa propre mort en faisant une sérieuse tentative de suicide, le SAVANT-3 n'a aucun moyen de les vérifier. Et même s'il pouvait délibérément provoquer son Expérience Proche de la mort et survivre à l'épreuve, cela resterait une Expérience *Proche* de la Mort – et manquer la cible de peu ne vaut pas mieux que la manquer de très loin. Il n'aurait toujours aucun moyen de savoir ce que serait une Expérience *Totale* de la Mort, aucun moyen de vérifier si cette EPM tant célébrée n'est pas simplement une brève étape de projection de nos désirs ou un répit de dernière minute avant l'anéantissement total. Somme toute, aucun de ces patients mourants n'est vraiment mort et revenu d'au-delà de la mort pour nous raconter son histoire.

Il n'est guère étonnant, alors, que le SAVANT-3 soit peu disposé à accepter les EPM comme preuve de ce qui sera sa propre expérience au moment de la mort même. Elles n'offrent aucun espoir certain en ce qui concerne l'immortalité. En tant qu'homme de science, il ne peut pas leur accorder autant de crédit qu'il le souhaiterait peut-être à titre personnel et privé.

C'est ici que la SCIENCE-1 vient à la rescousse – en allant jusqu'à la mort et au-delà. Et ceci, dès maintenant, alors que nous sommes bien vivants, au moyen d'une expérience très simple qui peut être répétée partout, par n'importe qui, à n'importe quel moment.

En fait, je vous demande de refaire maintenant l'expérience du tunnel que je vous ai demandé de faire dans le

Prologue, mais cette fois plus minutieusement.

Ouvrez à nouveau votre tunnel, comme ceci :

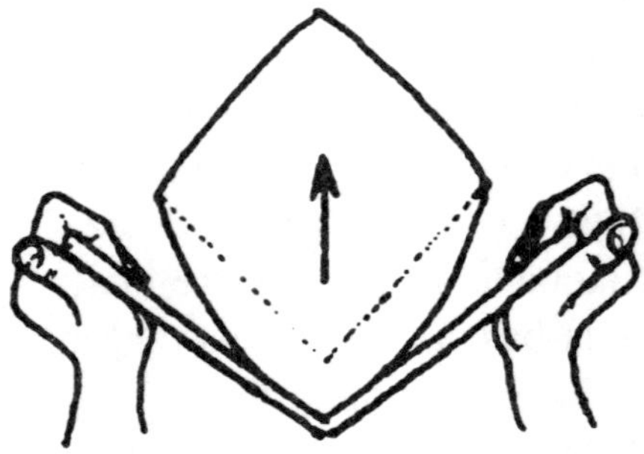

Encastrez votre visage à un bout, placez l'autre extrémité contre le miroir de votre salle de bains et *fiez-vous à ce que vous voyez là.*

À l'autre bout du tunnel, vous vous voyez vous-même en tant que 3e personne, avec des yeux, un nez, une bouche, des joues, etc., appartenant à un être humain qui n'est que trop mortel. Tout est normal, il ne manque rien. Maintenant, faites pivoter votre attention vers l'autre extrémité du tunnel où tout manque – vers vous-même en tant que 1re Personne qui se révèle ici en tant que Vide Conscient, non pas un Vide vide, mais un Vide plein, simple Capacité pour accueillir ces traits humains familiers, ainsi que toutes les choses mortelles qui peuvent se présenter à l'intérieur et à l'extérieur des tunnels.

De toute évidence, ceci est votre extrémité du tunnel, votre côté, où se produit la vision, alors qu'à l'autre bout se produit ce qui est vu. Et à l'évidence, ici, de votre côté, il n'y a rien qui vous appartienne, vous êtes tout ce qu'il y a de plus mort. Ici même, en tant que 1re Personne, il vous manque tout, y compris la vie et la forme, la substance et le mouvement et tout ce qui est lié au temps. Et précisément parce que vous êtes vide de tout, vous êtes vide pour accueillir tout. Vous disparaissez consciemment en faveur de tout ce qui se présente. Mourant à votre seul moi et vivant en tant que tous les autres, toute vie est vôtre, et vous traversez la mort jusqu'à la vie éternelle.

Mais voici une explication en termes moins paradoxaux et plus concrets. Ce que vous paraissez être dépend de la distance à laquelle se place votre observateur. Ainsi à 40 centimètres là-bas, à l'autre bout du tunnel, vous apparaissez comme un être humain mortel, alors qu'à 0 centimètre, de votre côté du tunnel, vous apparaissez comme Rien, Aucune Chose de cette sorte ni d'aucune autre sorte.

Quant aux étapes intermédiaires où votre apparence est tour à tour cellulaire, moléculaire, atomique et subatomique, notre tunnel accomplit son travail de tunnel : il creuse à travers toutes ces couches, indifféremment, et arrive à la Non-chose consciente d'elle-même en tant que Non-chose au-delà de tout. Il atteint la Réalité Centrale qui génère toutes ces apparences régionales, la Lumière de la Conscience qui les illumine toutes, bref : la 1re Personne du Singulier du Présent.

L'histoire que racontent les autres gens sur leur voyage à travers le tunnel de la Providence jusqu'à la Lumière immortelle m'*encourage* à croire à ma propre immortalité. Mais c'est mon histoire, mon propre voyage, maintenant, à travers cet autre tunnel jusqu'à la même Lumière, qui établit cette croyance sur une base empirique ferme. Considérées conjointement, les deux histoires sont convaincantes. On pourrait dire qu'elles sont complémentaires. En fait, notre tunnel a quelques avantages remarquables : quoique fait de papier, il est bien conçu. Il est beaucoup moins onéreux, mieux éclairé, plus silencieux (dans les EPM, le tunnel est

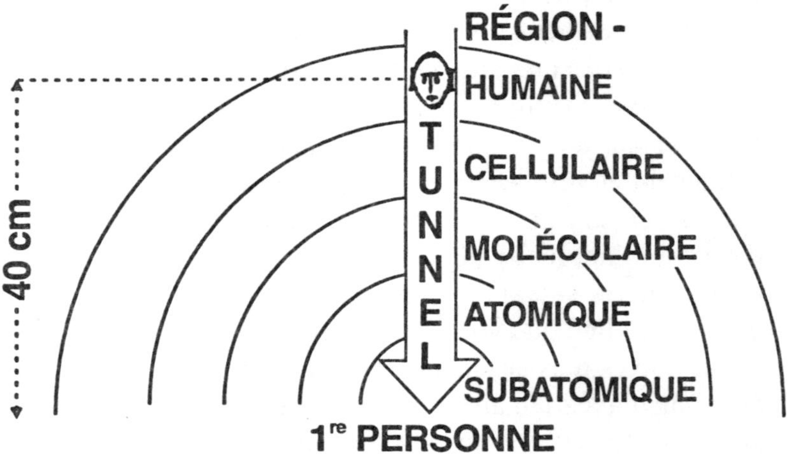
RÉGION -
HUMAINE
CELLULAIRE
MOLÉCULAIRE
ATOMIQUE
SUBATOMIQUE
TUNNEL
40 cm
1re PERSONNE

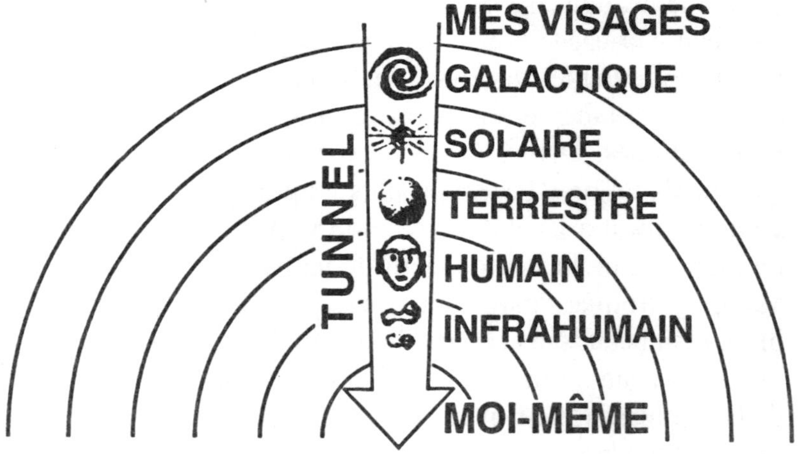
MES VISAGES
GALACTIQUE
SOLAIRE
TERRESTRE
HUMAIN
INFRAHUMAIN
MOI-MÊME
TUNNEL

souvent bruyant), tout à fait indolore et, chaque fois, il vous conduit directement à la mort, et au-delà. Surtout, il vous permet d'effectuer le plus réel et crucial des voyages – le voyage qui vous ramène Chez Vous – à volonté, quand vous le souhaitez, à votre propre rythme et loin des tensions et angoisses du lit de mort. Alors je vous dis : entraînez-vous maintenant et vous ne serez pas pris au dépourvu, vous ne vous retrouverez pas sur votre lit de mort sans préparation et incapable d'apprécier pleinement les bénédictions incomparables de la situation. Continuez de faire ce voyage de retour en ce lieu que vous n'avez en réalité jamais quitté et « vous n'avez plus besoin de trembler pour ce corps, voyant que vous n'avez jamais été à l'intérieur de lui ne serait-ce qu'une seule heure, mais que vous êtes toujours ailleurs ». Je cite Rumi. « Où êtes-vous et où est le corps ? Vous êtes dans une vallée, et le corps dans une autre. Ce corps est une grande illusion, une grande duperie. »

Ici même, donc, se trouve la Divine Lumière-que-je-*suis* qui éclaire là-bas le visage humain-que-*j'ai*. Mais c'est seulement l'un de mes visages. J'en ai d'autres, peut-être plus beaux et certainement plus brillants, sans doute beaucoup moins abîmés, et tout aussi indispensables. Par exemple, si j'étends un bras beaucoup plus long, un vrai bras télescopique jusqu'à la lune (avec mon miroir lunaire au bout de mon tunnel au lieu de celui de ma salle de bains), que vais-je y trouver sinon mon visage-Terre : bleu, blanc et brun, et si beau, sans cesse changeant, d'une grande longévité mais néanmoins vieillissant et destiné à mourir ?

Évidemment, ceci n'est pas la fin de l'histoire, ni du tunnel. Étendant mon bras télescopique encore plus loin, je découvre dans son miroir mon visage solaire, cette étoile entourée de planètes. Très charmant, rayonnant, et doué d'une longue vie, mais pas non plus éternel. Et plus loin encore, je trouve mon visage galactique, cet univers de galaxies spirales, qui est encore, bien sûr, quelque chose de matériel, et tout ce qui est matériel périt un jour. Seul l'Un Intemporel, dont ces manifestations sont les multiples visages, survit à tout. En tant que cet Un qui est moi-même en tant que 1re Personne, je suis le cœur de toute matière, la vie et l'âme même du cosmos, et tous ces visages resplendissants sont les miens[1].

Note historique

Notre tunnel en papier est né lors d'un atelier à Toronto, en 1971, bien avant que je n'entende parler de celui des Expériences Proches de la Mort dans le livre du Dr. Moody, *La Vie Après la Mort* (1975). Il a commencé sous la forme d'un sac-poubelle dont nous avions découpé le fond. Depuis lors, mes amis et moi avons parcouru le monde avec ces tunnels en papier. Des dizaines de milliers de gens ont été dedans, ont vu ce qui meurt à l'autre bout, et vu et été – même brièvement – ce qui ne peut pas mourir de leur côté. Et un nombre d'entre eux relativement petit mais significatif vivent désormais consciemment dans, à partir

---

1. Plotin : « Débarrasse-toi (de ce qui est étranger) et regarde. Ou plutôt, que l'homme se purifie lui-même, puis observe : il ne doutera pas de son immortalité lorsqu'il se verra lui-même ainsi entré dans le Pur, l'Intellectuel.

Dans quelle mesure est-il possible de se libérer du corps ? La libération signifie simplement que l'âme se retire dans sa véritable demeure. »

Bouddha : « Ce n'est pas *en vous déplaçant* que vous pourrez atteindre ce lieu où il n'y a ni naissance, ni âge, ni dépérissement, ni mort, ni renaissance. Ce n'est pas *en vous déplaçant* que vous atteindrez cet endroit. »

Dogen : « Le sage laisse la vie et la mort au mental, il les laisse au corps. »

Rabin Bunum de Pzhysha : « Chacun d'entre nous doit avoir deux poches, afin de pouvoir puiser dans l'une ou dans l'autre selon ses besoins. Dans la poche droite se trouvent les mots *Le monde a été créé pour moi*, et dans la gauche, *Je suis poussière et cendres*. » (Pour nous, la poche droite est la Lumière à un bout du tunnel, et la poche gauche est ce qu'Elle éclaire à l'autre bout.)

de et par cette Lumière éternelle, contre vents et marées. De nos vingt-cinq instruments destinés à dévoiler la Lumière, le tunnel en papier s'est avéré le plus puissant. Je découvre pourquoi. Il se trouve que le tunnel est la mise en scène choisie par le Tout-Puissant pour Se révéler à l'heure de notre mort. Alors, pourrait-il y avoir une meilleure mise en scène que notre propre version du tunnel pour nous Le révéler chaque jour de notre vie ?

Je suis certain qu'Il ne le méprise pas. Que le très Haut daigne apparaître, non pas cette fois en passant par le tunnel de la naissance et dans une mangeoire, mais dans un vieux sac-poubelle canadien témoigne autant de son humour que de son humilité, de sa bonté et de sa miséricorde. Tels sont le pouvoir et la gloire du Ciel ! N'importe quelles deux pages de n'importe lequel des millions de livres de théologie et de métaphysique que l'on peut trouver à la Bibliothèque Nationale, collées ensemble pour former un mini-tunnel, me parleront plus de Lui, et de moi-même, de la nature de la Réalité et du sens réel de la Vie et de la Mort, que tous ces volumes réunis.

23 : LA SCIENCE-1 ME MET EN CONTACT AVEC LE MONDE EXTÉRIEUR

La SCIENCE-3 a vraiment besoin de la SCIENCE-1 : elle s'embrouille dans des problèmes que seule la SCIENCE-1 peut résoudre. Un exemple frappant est celui de ma connaissance du monde extérieur. Selon la SCIENCE-3, comment suis-je capable, en ce moment, de voir ces mots, d'entendre le froissement du papier quand je tourne la page, de percevoir la douceur de ce papier et la chaleur de la pièce, de sentir le parfum de ces fleurs, de goûter ce thé ? Essentiellement la réponse officielle est que la surface de mon corps est pourvue de récepteurs spécialisés sensibles à une variété d'ondes et stimuli ambiants. Ces récepteurs (dont certains sont localisés dans les yeux, les oreilles, le nez et la langue, d'autres répartis sur toute ma peau) traduisent les stimuli extérieurs en messages codés qui sont ensuite transmis par des fibres nerveuses à une certaine région de mon cerveau. Et ce n'est que lorsque ces messages convergents arrivent ici, à leur terminus, que j'expérimente quelque chose du monde extérieur. En réalité, donc, tout ce que je connais c'est un état du cerveau, le comportement d'une série de particules dans ma tête. Le reste n'est que déduction, une devinette à tout hasard.

Telle quelle, cette histoire est absurde. Premièrement, elle aboutit au résultat contraire de celui qu'elle cherchait et explique en fait comment *je ne peux rien connaître* du monde extérieur ! Il y a de fortes chances que ce qu'il est à l'extérieur de ma tête (en supposant qu'il y ait une tête et un extérieur) est extrêmement différent de la façon dont je le vois à l'intérieur. Et de toute façon, il n'y a aucun moyen de le savoir. Ces mots, cette page, cette main, le visage que je vois dans mon miroir, les amis autour de moi – le monde lui-même – sont, pour autant que je puisse dire, un rêve purement personnel. Deuxièmement, toute l'histoire que raconte le SAVANT-3 – celle des ondes de lumière arrivant du soleil et des ondes de sons voyageant dans l'atmosphère de la terre, celle des yeux et des oreilles, des fibres nerveuses, du cerveau, etc. – fait elle-même partie du rêve et n'est pas plus valable que le reste. Car il ne peut guère abolir le monde que je perçois et laisser en même temps intact ces éléments qui (selon lui) me permettent de le percevoir ! Troisièmement, son histoire n'est pas seulement auto-invalidante, elle est invraisemblable. Je ne peux tout simplement pas croire que ce papier blanc et cette main agile, ces fleurs de printemps et leur délicieux parfum, ce thé et son goût subtil soient des événements qui se produisent dans quelque chose comme une boule de viande ou une boîte de *corned-beef*, et que mon chat qui semble assis là-bas au soleil soit en réalité assis ici dans ma tête. Quatrièmement, son histoire n'essaie même pas d'expliquer comment mon vaste monde pourrait s'enfermer dans une minuscule partie de lui-même (une tête) sans que l'un soit rétréci ou l'autre distendue – un tour de magie très improbable, plus formidable que d'emprisonner un homme d'1,80 m dans l'ongle d'un de ses doigts de pied, un manoir dans l'une de ses briques, ou la longueur et la largeur de l'Angleterre dans la colonne de Nelson sans affecter qui que ce soit ou quoi que ce soit. À tous les égards, donc, cette histoire de la SCIENCE-3 est trop absurde pour être acceptable même en tant que science-fiction, et certainement trop fantastique pour qu'aucun homme de science s'y arrête, excepté dans le cadre de son travail professionnel. Comparés à ce mythe moderne, ceux des hommes primitifs étaient éminemment rationnels. Et pourtant, à ma grande surprise, la SCIENCE-3 persiste à dire que c'est vrai et prouvé tous les jours dans les salles d'opération, les laboratoires, et partout ailleurs !

L'histoire que raconte la SCIENCE-1 est tout autre. Non seulement elle est cohérente et convaincante, mais elle permet de comprendre celle de la SCIENCE-3, et ce, comme toujours, en supprimant la confusion qui existe entre la 1re Personne et la 3e. Selon cette histoire (qui est la mienne, la découverte à chaque instant de cette 1re Personne du Singulier) il n'y a pas d'yeux ici pour voir les choses, pas d'oreilles pour entendre les sons, pas de nez, pas de langue pour sentir et goûter, pas de cerveau pour recevoir des messages ou penser. En cet instant, de ce côté-ci de ces mots, de ce papier, de ces mains, de ces fleurs, de ce chat, il n'y a Rien : Rien pour leur barrer le passage, Rien pour enregistrer, ou traiter ou transmettre des informations à leur sujet ; personne pour voir, aucune vision, mais rien que ces formes mouvantes colorées ; personne pour entendre, aucune écoute, mais rien que ces sons ; personne pour humer, goûter, sentir, expérimenter, penser, mais rien que ces odeurs, ces goûts, ces textures, et ces pensées à leur sujet. Tout est immédiatement donné, simplement présent ; c'est comme c'est, là où c'est, sans interférence. En d'autres termes, c'est seulement en l'*Absence* d'yeux, d'oreilles, de nez, de langue, de cerveau que ce qui est vu, entendu, humé et goûté peut être vu, entendu, humé et goûté, et la moindre particule ou ombre d'agent récepteur ici suffirait pour tout annuler. Ce qu'on appelle expérience sensorielle se produit non pas dans et pour un corps fini, un objet localisé, mais dans et pour ce Vide infini, éveillé, qui est moi-même-au-grand-large, moi-même tel que je suis pour moi-même[1]. C'est ainsi que l'univers se présente – dûment exposé dans cette 1re Personne. Je ne vis pas dans le monde, il vit en moi ; et il ne vit pas dans une cage en forme de tête, mais dehors – libre, radieux, plein d'énergie, il fait étalage de ses couleurs, il se fait admirer avec ostentation et s'amuse dans cet immense terrain de jeu que je lui offre. Le centre imaginaire a maintenant disparu de ma vie, je suis à la fois le terrain de jeu et tous les joueurs, je suis le monde entier tout simplement tel qu'il apparaît. Comment, alors, pourrais-je avoir un problème pour entrer en contact avec lui ? Pour la 1re Personne, il n'y a pas de monde *extérieur*.

La 3e personne, au contraire, vit dans le monde, est une chose minuscule entourée par une chose énorme et armée contre elle ; alors se pose le problème capital de la communication entre eux. La SCIENCE-3 étudie la question et élabore son histoire de stimuli arrivant du monde extérieur – ce qui s'applique parfaitement à la 3e personne. Car ceci n'explique pas la façon dont elle *fait l'expérience* du monde (en tant que 3e personne, elle n'en fait pas l'expérience) mais la façon dont elle *est reliée* au monde. C'est une histoire de choses visibles, d'objets et de phénomènes, de chaînes de relations physiques de cause à effet qui vont et viennent et ne sont nulle part interrompues par quelque concept insondable et hors de propos tel que *la connaissance du monde*

1. Brihadaranyaka Upanishad : « Personne ne voit excepté Lui, personne n'entend excepté Lui, personne ne pense, personne n'est conscient excepté Lui. »

Bankei : « C'est le Non-né qui voit et entend. »

Ibn-Arabi : « Seul Dieu voit, seul Dieu entend. »

Lieh-Tzu : « Je vois et j'entends sans utiliser ni yeux ni oreilles. »

extérieur. Ainsi rectifiée, l'histoire de la SCIENCE-3 est aussi cohérente en théorie qu'elle est indispensable en pratique. *Elle est fausse si on la considère comme une description de la façon dont la 1re* Personne est consciente du monde extérieur, elle est vraie en tant que description de la façon dont la 3e personne est modifiée par le monde extérieur et s'adapte à lui.

Une fois encore, donc, la SCIENCE-1 corrige la SCIENCE-3 en franchissant un pas de plus, et l'amenant au-delà d'elle-même à son inévitable conclusion. La SCIENCE-3 essaie de réduire mon vaste monde à quelque chose dans ma tête, tandis que la SCIENCE-1 va jusqu'à réduire ma tête à Rien – un Rien qui explose en Immensité. Et cette Immensité est habitée par des myriades de 3e personnes dont les têtes sont toutes de simples têtes dans lesquelles il n'y a aucun danger qu'on puisse enfermer le monde et qui sont donc des objets d'étude idoines pour la SCIENCE-3.

24 : LA SCIENCE-1 EST ULTRA-SCEPTIQUE

La SCIENCE-3 est un grand exorciste et démystificateur, l'ennemi implacable de la superstition et des peurs irrationnelles qui l'accompagnent. Tous ses progrès ont été faits en dépit d'une hostilité farouche, aux dépens des croyances sans fondement qui étaient simplement le sens commun de l'époque et considérées comme allant-de-soi. Il a fallu plusieurs siècles d'efforts pour que l'on cesse de croire en des entités mystiques comme, par exemple, les dieux chargés de déplacer les étoiles et les anges gardiens de la Nature, le Cosmocrate et ses Lois de la Nature, Pesanteur et Apesanteur, le Phlogistique, les Esprits Animaux, la Force Vitale, etc., de sorte que par comparaison l'univers de la SCIENCE-3 n'est plus hanté aujourd'hui.

Par comparaison seulement, car la SCIENCE-3 n'est en aucune façon un exorciste cosmique cohérent. Il est vrai que, dans la mesure où elle est strictement scientifique, elle ne tient aucun compte d'entités aussi fantomatiques que la Vie et la Psyché et la Conscience, mais ses branches moins exactes ne peuvent pas les ignorer facilement. Dans tous les cas, il reste l'hypothèse sous-jacente, la croyance jamais remise en question : « Je crois en d'autres psychés, ou en une pluralité d'esprits ou de consciences. » Quelle que soit son attitude professionnelle, l'opinion personnelle du SAVANT-3 est que dans chaque forme humaine qu'il rencontre se trouve, caché dans sa partie supérieure, un fantôme (lutin, diablotin, fée, spectre ou autre) qui le lorgne à travers ces deux petites fenêtres, d'une manière plus ou moins menaçante. Même si, pour lui, le monde est désormais débarrassé des esprits et dieux en liberté, il reste ces prisonniers-ci, chargés de toutes les vieilles menaces ou promesses – mais surtout menaces. Ils font de leurs sanctuaires (qui sont les têtes des gens) des objets si possédés, si surnaturels, ils leur donnent une telle importance et les rendent si inquiétants que ces sphères chevelues, percées de trous et d'aspect étrangement caoutchouteux, constituent une catégorie d'objets très spéciale qui ne sont pas du tout traités comme des morceaux de matière ordinaires. Peut-être le SAVANT-3 va-t-il nier avoir une telle superstition, mais il est trahi par son comportement, qui va du léger trouble à la gêne profonde, lorsqu'il est en présence de ces objets très spéciaux. En particulier, il risque de trouver tout à fait insupportable le regard direct et clair de l'enfant, et celui de l'éveillé au regard d'enfant.

La SCIENCE-3 fait la guerre à la superstition. La SCIENCE-1 la gagne. Et cela, en exorcisant *tous* les esprits et fantômes de l'univers objectif, et en particulier jusque dans leurs derniers retranchements, ceux qui hantent les têtes humaines et celles de certains animaux les plus évolués. Car lorsqu'il se trouve en face du visage qui est à l'autre bout du tunnel, ou en face de n'importe quel autre visage, le SAVANT-1 voit que la relation est totalement asymétrique, et il tient compte de ce qu'il voit. De son côté du tunnel il y a la Vacuité exempte de matière (appelez-la Conscience ou Esprit, ou ce que vous voudrez) et à l'autre bout il y a son contenu de formes colorées et mouvantes (appelez-le matière ou corps ou objet ou ce que vous voudrez). Dans tous les cas, la Vacuité ici est immaculée, simple, indivisible, non duelle, infinie ; et son contenu là-bas est tout le contraire, à tous les égards. Les deux côtés doivent être acceptés exactement tels qu'ils sont donnés – toute la *conscience* du monde ici, et toute la *matière* là-bas, sans marchandage ou compromis. Cela ne signifie pas que je nie votre Vacuité (ou Conscience) mais que je la trouve uniquement ici, de mon côté de votre visage, en tant que ma propre Vacuité et celle de tous les autres êtres. Car le Vide ici est infini, il y en a plus qu'assez pour tout le monde, et ce n'est pas une sorte d'objet ou de chose, surtout pas la sorte de choses que l'on peut découper en plusieurs parts et répartir entre des fragments de matière séparés. Ainsi je vois que *votre visage n'est rien de plus que votre apparence et je ne suis rien moins que votre Réalité.* Si j'appelle cette Réalité mon Visage Originel, je dois ajouter que c'est également le vôtre, et celui de tout le monde[1].

Et c'est vraiment l'un des plaisirs inattendus de la vie de 1re Personne que de pouvoir regarder le visage de ses amis sans la moindre gêne, sans ressentir ou penser quoique ce soit de particulier, et tout simplement voir en eux ce qu'ils ont toujours été – *des objets à regarder mais jamais à partir de quoi regarder*. Et ce n'est pas un regard dénué d'amour qui vous réduit à une figurine découpée en carton. Bien au contraire. C'est le refus plein d'amour de séparer ma Conscience de la vôtre, et cela fait tomber la dernière barrière entre nous. Délivrés de la superstition de la pluralité

---

1. Zazen-Gi : « Si vous abandonnez le corps et le mental, votre Visage Originel est clair devant vous. »

Daito-Kokushi : « Pas un seul des mille sept cents koans du Zen n'a d'autre but que celui de nous faire voir notre Visage Originel. »

Rumi : « Celui qui contemple son propre Visage – sa lumière est plus grande que celle des créatures. Bien qu'il meurt, sa vue est éternelle, parce que sa vue est celle du Créateur. »

Le Coran : « Tout périt excepté Sa Face. »

des esprits, nous sommes enfin vraiment un. C'est l'amour parfait qui chasse la peur – la peur qui envahit inévitablement la vie dans un monde hanté.

Ainsi le SAVANT-1 offre au SAVANT-3 sa charte royale, le droit de prendre sa position behavioriste et matérialiste et de cesser d'en avoir mauvaise conscience, ou de cesser de chercher une demeure pour ces diablotins appelés consciences des autres gens. *La science de l'objet peut se permettre d'abandonner l'idée superstitieuse qu'il existe la moindre conscience là-bas, parce que la science du Sujet, avec le même scepticisme, a abandonné la superstition qu'il existe le moindre atome de matière ici.*

Mais ce n'est pas encore la fin de l'histoire. La dernière démystification au crédit de la SCIENCE-1, c'est l'exorcisme de cette ultime entité (fantôme tenace entre tous, le plus résistant et le plus trompeur), la Conscience elle-même conçue comme un immense Esprit absorbant des foules d'esprits minuscules, un Soi Supérieur unique formé de tous les petits soi individuels, un Quelqu'un ou Quelque chose ayant une sorte de réalité objective. Ici, les mots sont vains : tout ce qu'ils peuvent faire, c'est objectiver le sujet, ce qui est impossible. La meilleure attitude alors, c'est tout simplement cesser de verbaliser et regarder à nouveau ici (de notre côté du tunnel), voir que le réellement Réel n'est pas réel du tout dans le sens où on dit que les objets sont réels, et garder le silence.

25 : LA SCIENCE-1 DONNE UN SENS À L'UNIVERS

Dans la mesure où la SCIENCE-3 est fidèle à elle-même et rigoureusement objective, rejetant toute subjectivité comme vague ou mystique ou mythique, elle se retrouve face à un monde dénué de sens, une *rencontre fortuite d'atomes*, un univers fermé dans lequel tous les événements sont liés les uns aux autres en dépendance mutuelle, et où l'on ne peut trouver aucune brèche dans laquelle l'esprit, la conscience ou une intention puissent s'insinuer, encore moins influencer la succession implacable des événements purement physiques. Dans cet univers, la vie est un accident rare, bref et insignifiant, et l'esprit (s'il est tant soit peu reconnu) un simple sous-produit de forces aveugles, une sorte de phosphorescence occasionnelle, un épiphénomène. En principe, tout est expliqué sans l'hypothèse de la conscience.

Comme nous venons de le voir, c'est précisément le genre d'univers que l'on peut s'attendre à ce que le SAVANT-3 découvre ; il lui convient. Tout de même, ce n'est pas très agréable d'être jeté dans un monde comme celui-ci, et la plupart des savants (à moins qu'ils ne soient exceptionnellement honnêtes ou exceptionnellement pessimistes, ou les deux à la fois) font comme les profanes et l'ignorent. Ou du moins ils le laissent au bureau avec leur blouse blanche, et trouvent un réconfort, loin du travail, dans la scène humaine plus proche et plus chaleureuse. Il faut prendre la SCIENCE-3 au sérieux, mais pas trop ! Néanmoins, les hypothèses de base d'un homme sont importantes, et sous la surface grandissent la peur et le désespoir que l'on éprouve lorsque l'on vit dans un univers totalement indifférent, sinon carrément hostile à tout ce qui nous est cher. La maladie professionnelle du SAVANT-3, c'est l'*universose* : il souffre d'une déficience de son cosmos.

La SCIENCE-1 remédie à la déficience. L'univers dans lequel je me trouve est chargé de sens, parce qu'en fait je le trouve en moi, et je suis son sens. Cet univers se présente à, se produit dans et est issu de ce Vide que je suis ici et qui m'unit à toutes choses, quelles qu'elles soient[1]. Pour moi donc, en tant que 1re Personne, il n'existe aucune vraie 3e personne, aucun corps intrinsèquement opaque, aucun objet qui ne soit basé sur le Vide, et donc rien qui ne soit moi-même. Ainsi le monde ne contient pas le moindre atome qui me soit étranger, rien qui doive m'effrayer, et en vérité aucune créature dont je puisse me passer et me désintéresser. Il ne s'agit pas de prendre ses rêves pour la réalité, mais simplement de voir ce qui est, honnêtement. C'est le réalisme scientifique qui refuse de continuer à prétendre que l'observation n'a pas besoin d'Observateur, l'objet de Sujet, la 3e personne de 1re Personne, et que le savant a en quelque sorte pris congé de l'univers et l'examine à partir de quelques limbes mystérieux qui lui sont propres.

---

1. Chuang-Tzu : « Celui qui voit clairement que, tout en traitant les choses comme des choses, il est lui-même non chose – comment pourrait-il se contenter de gouverner les centaines de clans de ce monde ?… Il en est l'Unique Propriétaire. »

Blake : « Plus, plus ! est le cri de l'âme qui est dans l'erreur. L'homme ne saurait se contenter de moins que Tout. »

D. T. Suzuki : « Les maîtres Zen sont totalement identifiés avec la Nature. »

Mais, *bien sûr*, mon univers est dénué de conscience et de sens tant que j'oublie cette preuve manifeste du contraire : moi-même en tant que 1re Personne ! *Bien sûr*, il est mort tant que je m'obstine à m'amputer moi-même de son corps, le saignant ainsi à blanc ! *Bien sûr*, son jeu de particules est purement accidentel, sans intention précise, si je refuse de prendre en compte cet échantillon ici qui nie si intentionnellement toute intention ! *Bien sûr*, le secret de la Nature m'est caché tant que je me considère comme surnaturel (ou plutôt non naturel) et n'ai pas le courage de l'examiner en ce Lieu unique où elle est grand ouverte et s'offre à notre regard, de ce côté-ci de mes lunettes, et de mon côté du télescope ou microscope ! Si je vis dans un univers mécanique c'est parce que je joue le rôle du SAVANT-3 au lieu d'être le SAVANT-1, et que j'ignore obstinément son aspect le plus évident et le moins mécanique. Il n'y a pas de pire aveugle que celui qui s'obstine à garder les yeux fermés.

26 : LA SCIENCE-1 CONFIRME LE MONDE

À première vue, la SCIENCE-3 vénère le monde, alors que la SCIENCE-1 le méprise, le nie, ou même le détruit, puisqu'apparemment elle considère que toutes les choses sont des fantasmes, de simples apparences de l'unique Réalité qui est Non-chose. Cependant, si on y regarde de plus près, la vérité est tout autre. Certes, la SCIENCE-3 a commencé, comme on pouvait s'y attendre, par débarrasser la Nature des notions magiques. Elle s'est montrée humble devant les faits tels qu'ils sont donnés là-dehors dans toute leur réalité concrète, sans jamais les considérer comme la création du savant. Et certes, elle n'a jamais officiellement renié cette attitude respectueuse envers la richesse de la Nature. Néanmoins, son système de contradiction interne fait qu'ici encore, plus elle réussit plus elle échoue. Le progrès de la SCIENCE-3, c'est la régression de son univers, son appauvrissement systématique. Toutes les qualités des choses – non seulement leur beauté et leur laideur, leur caractère charmant ou détestable, leur vie et leur esprit, mais aussi leur son, leur odeur, leur goût, leur forme et leur couleur, leur dureté et leur douceur – tout cela a été transféré à la dérobée, pièce par pièce, au cours des siècles, de l'objet perçu là-dehors au sujet qui perçoit, ici. Ces qualités sont devenues subjectives et non plus objectives, la réaction personnelle de l'observateur et non la découverte publique de quelque chose qui est donné là-dehors. Il a ajouté sa contribution personnelle à la Donnée qui, elle, devient de plus en plus vague au point de presque disparaître. Finalement, rien ne subsiste dans l'univers de la SCIENCE-3 que le substrat tout nu avec son jeu insensé de mystérieuses énergies – tout le reste (l'univers tel qu'il est vraiment perçu) ayant été attiré dans la tête de celui qui perçoit. N'est-ce pas là la dénégation du monde pour de bon ? Et quoi de plus follement surnaturel, ou de plus superstitieux, que l'idée de ce monde immense, radieux, plein de couleurs, bruyant, tumultueux, ingouvernable, emballé dans un petit paquet tout propre et posté dans cette boîte aux lettres en os de 20 cm de haut, transformant le monde à l'extérieur de la boîte aux lettres en un désert sans vie ?

Évidemment, ceci était inévitable. Cette inflation de l'observateur aux dépens de l'observé, cet impossible exploit qui consiste à tout emballer dans une tête est tout à fait valable, *pourvu que la tête soit examinée maintenant de l'intérieur et vue comme la tête de la 1re* Personne. Alors on découvre qu'elle est finalement aussi vaste que le monde, qu'elle *est* le monde, en fait[1] ! Et il apparaît que le monde est encore décoré de toutes ces qualités et valeurs dont on l'avait apparemment dépouillé. Tout est comme c'était. Toutes les couleurs, formes et sons, le sens et la beauté, la vie et l'esprit restent à la place qu'ils avaient jadis, et l'univers est à nouveau lui-même. En d'autres termes, le

---

1. H. H. Price : « Si les données sensorielles sont littéralement à l'intérieur du cerveau, nous sommes obligés d'en conclure qu'elles sont toujours plus petites que les choses auxquelles elles se rattachent, ou alors que notre tête est beaucoup plus grande qu'elle ne le paraît au toucher. »

Huang-Po : « Ce chapeau de voyage peut sembler petit, mais quand je le coiffe, il couvre tout l'univers. »

Rumi : « Comment un monde peut-il être contenu dans un corps d'argile ? »

SAVANT-1 est au grand large, vaste comme le monde, illimité, inséparable du Cosmos lui-même. Ainsi ses idées sur les étoiles restent avec les étoiles là-haut, et non pas dans sa tête ici : elles sont sidérales et non crâniennes. Ainsi la couleur et l'odeur et la texture d'une fleur appartiennent à la fleur là-dehors et n'en sont pas extraites, puis injectées dans son crâne par quelque seringue magique. C'est la fleur qu'il perçoit au toucher et non le bout de ses doigts, c'est son parfum qu'il respire et non son nez – et certainement pas son cerveau. Toutes les choses sont exactement telles qu'elles apparaissent dans leur gloire première. Seul lui, en tant que 1re Personne, est absent – totalement. En fait, il n'a pas de conscience propre, pas d'expérience personnelle ou centrale, pas de vie, pas de substance, pas d'humanité, aucune qualité d'aucune sorte, rien que cette Vacuité, cette tête qui est Vide infini et plein de toute la création. Ce qui lui a été enlevé lui est rendu avec intérêts, dans les autres. Voyant qu'il est Non-Chose, il est prêt à accueillir Toutes Choses.

27 : LA SCIENCE-1 NORMALISE LES PHÉNOMÈNES *PARANORMAUX*

Le tissu serré de la SCIENCE-3 est orné de motifs merveilleux, mais ses bords sont effilochés et il est criblé de trous qui refusent d'être rapiécés, comme les zones irréductibles telles que la télépathie, la clairvoyance, la clairaudience, la prémonition, la mémoire des vies antérieures, l'écriture automatique, la psychométrie, les apparitions, la possession, la médiumnité. Si les hypothèses de base de la SCIENCE-3 sont valables, les choses de ce genre ne devraient pas se produire. Mais elles se produisent bel et bien, ce qui prouve qu'il y a une erreur foncière quelque part. Quelque chose d'essentiel a été oublié, semble-t-il. En tout cas, de toute évidence la SCIENCE-3 n'est pas capable de tenir compte de toute cette catégorie de faits, et dans cette mesure elle n'est pas vraiment scientifique. Le rôle de la SCIENCE-1 est d'éclairer ces faits d'une lumière nouvelle – la lumière de la 1re Personne – une lumière qui illumine et apprivoise ces phénomènes soi-disant *paranormaux*.

Comme nous l'avons déjà observé (chapitre 23), la SCIENCE-3 elle-même prouve, dans sa description soigneusement détaillée de la manière dont une 3e personne *perçoit le monde*, que celle-ci en fait ne pourrait jamais rien faire de tel en tant que 3e personne. Elle est trop solide et bien trop petite. Manifestement, c'est Moi, la 1re Personne, qui seule suis assez vide et assez immense pour pouvoir le faire. *Ce que* je perçois dépend d'un grand nombre de choses – de l'état de mes niveaux physique et chimique, de mon cerveau, de mon corps, de mon monde, et finalement de l'ensemble des choses. *Le fait que* je perçoive dépend de la 1re Personne qui est Non-chose. La Conscience est la fonction de cette Vacuité Infinie au cœur des multiples niveaux de mon monde. Si je suis assez insensé pour imaginer qu'un organe des sens ou un cerveau ne fait pas que *conditionner* ce que je perçois mais le perçoit lui-même, si (au mépris de toute évidence) je suppose qu'en ce moment mes yeux sont en train de lire, mes oreilles d'écouter, ma langue de goûter et mon cerveau de penser – alors, évidemment, je ne peux pas imaginer comment je pourrais jamais voir, entendre, goûter ou penser sans le concours d'un appareil sensoriel. Dans ce cas, soit je nie que la *perception extra-sensorielle* puisse exister, soit je la rejette comme *occulte* ou la mets à l'écart comme *paranormale.* Mais si, plus raisonnablement, me prenant moi-même comme échantillon valable et ma seule source d'information intérieure, je reconnais que les *choses* ne peuvent rien percevoir, que les yeux ne voient pas, les oreilles n'entendent pas, les langues ne goûtent pas et les cerveaux ne pensent pas, et que (dans ce sens) toute vision se fait sans yeux, et ainsi de suite – alors le problème particulier de la perception extra-sensorielle et du paranormal en général ne se pose plus[1].

Mais la superstition que certaines choses sont animées

---

1. Rumi : « Tu vois ces yeux qui regardent, mais ce sont comme des images sur le mur des bains publics : ils ne voient pas. »

Hui-Hai : « Par quels moyens ce corps ou cet esprit perçoivent-ils ? Peuvent-ils percevoir avec les yeux, les oreilles ?… Non. Votre propre nature étant essentiellement pure et parfaitement immobile, elle est seule capable de cette perception. »

Eckhart : « Nous ne pouvons voir le visible qu'avec l'invisible. »

a la vie dure. L'hypothèse de nos ancêtres primitifs et de notre sens commun – adoptée par la SCIENCE-3 sans discussion et rarement rejetée, même aujourd'hui – c'est que la conscience est une substance subtile quasi-physique, une émanation ou énergie qui procède de et plane autour de certaines sortes de matières très spéciales, par exemple les cerveaux. Cette antique superstition implique qu'il y a autant de 1res Personnes que de 3es, autant de consciences que de *sièges de conscience*, et que chacune occupe une région limitée dans l'espace et le temps – comme s'il s'agissait d'une sorte de gaz magique. Quelle est l'étendue de ce champ spatio-temporel, quelles sont sa forme, la nature de ses limites (nettes ou floues), son apparition, son évolution et sa désintégration ? Autant de questions gênantes que l'on ignore commodément. Le seul fait de les poser dénoncerait l'absurdité qui les suscite.

Parce que le SAVANT-1 est attentif à ce qui se trouve *de son côté* du télescope, microscope, viseur, sac en papier ou tunnel tout autant qu'à ce qu'il voit à l'autre extrémité, lui, et lui seul est en mesure de répondre à ces questions. Ici, de son côté, il n'y a rien du tout, une simple Capacité si immense et non sélective qu'elle ne rejette rien, un Vide si vide qu'on ne pourrait jamais le distinguer de n'importe quel autre vide, un Infini si vaste qu'on ne peut y trouver le moindre signe d'une limite spatiale ou temporelle, une Simplicité si simple qu'elle ne connaît ni nombres, ni qualités, ni fonctions, une Uniformité à jamais uniforme – et néanmoins profondément consciente de tout ceci. Telles sont les découvertes de cette 1re Personne du Singulier.

Ce qui demande explication, alors, ce n'est pas pourquoi votre *mental* et mon *mental* devraient parfois déborder l'un sur l'autre et se mélanger et même s'échanger, mais pourquoi ils devraient jamais paraître séparés. Le mystère, c'est le multiple, et non l'Un. Ce n'est pas étonnant que nous soyons en communication télépathique si, en tant que 1re Personne, nous sommes cet Un. Ce qui est surprenant, c'est que nous puissions exclure tant de pensées et de sentiments des autres. Rien d'étonnant à ce que je puisse vivre l'expérience de quelqu'un d'autre éloigné de moi dans le temps et dans l'espace si, en réalité, il n'y a pas de quelqu'un d'autre et que temps et espace sont en moi. Rien d'étonnant à ce que ces paquets d'expérience appelés âmes ou *esprits* errent indéfiniment si, en fait, tous sont un seul Esprit indestructible.

L'univers, tout ce qui est, appartient à la 1re Personne[1]. Au sens littéral comme au figuré, tout est dans le sac : à l'autre bout, le manifeste – de ce côté-ci, le reste, le non manifesté. Toutes les choses sont classées en deux catégories : celles (quelques-unes) qui sont visibles là-bas, le monde toujours changeant de la 1re Personne – et ici, les multiples choses en puissance, cachées au sein du Vide immuable de la 1re Personne. Tout est pris en compte : ce qui est perçu d'une part, ce qui perçoit de l'autre. Rien n'est perdu ou fourvoyé. La 1re Personne est la magicienne qui a tous les tours dans son sac, et elle exécute sans cesse les vieux comme les nouveaux, puis les remballe pour d'autres occasions. Et tous ses tours, depuis le souvenir exact que l'on peut avoir de ce qu'on a pris au petit-déjeuner jusqu'aux aventures dans d'autres mondes, sont parfaitement miraculeux et paranormaux – et parfaitement naturels et normaux.

Virtuellement et en principe, donc, toute expérience à travers l'espace et le temps – non humaine ou humaine – est

---

1. Rilke : « O, l'âme du monde ne sera jamais unie à la mienne
à moins que ce qui apparaît hors de moi,
comme si cela avait toujours voulu être en moi,
ne vienne avec délice se déposer en moi. »

accessible à cette 1re Personne ici et maintenant. En réalité et en pratique, cependant, seul apparaît pour nous ce qui est plus ou moins en rapport avec ce que nous sommes en train de faire. Sinon, il nous serait impossible d'agir : on serait totalement inhibé, submergé par une pléthore d'informations inutiles et troublantes.

En fait, le danger est réel. Si par hasard je suis *médium* ou *hypersensible*, je ne suis que trop susceptible de me retrouver inondé par les idées et humeurs, les souffrances et maladies, les innombrables problèmes des autres – exactement comme s'il y avait vraiment des autres, moi plus les autres, des consciences séparées qui, hélas, ne sont de loin pas assez séparées ! Le résultat risque fort d'être que mes dons exceptionnels fassent plus de mal que de bien, si bonnes soient mes intentions conscientes. Surtout parce que cette attitude *moi-et-vous* (face à face, conscience à conscience) est par nature égocentrique, égoïste. Le véritable problème, ce n'est pas que je sois trop ouvert à l'invasion, mais pas assez. Si je veux être immunisé contre les maladies professionnelles de la recherche et des pratiques métapsychiques, il me faut voir qu'en tant que 1re Personne je suis totalement vulnérable là-dehors où je suis toujours et sans cesse détruit, et totalement invulnérable ici où il n'y a rien à détruire. Je ne puis me permettre de continuer à ignorer cette 1re Personne. Je n'ai qu'un moyen d'assurer ma sécurité, ma santé mentale peut-être, la paix de mon esprit, mon efficacité dans l'exercice de ces dons spéciaux, c'est de regarder dans les deux directions. Je ne puis aider les gens en détresse de manière désintéressée, sans être submergé, sans compter sur des résultats particuliers ou n'importe quel résultat, et sans chercher à exercer un pouvoir sur eux, que lorsque je *suis* ces gens, parce qu'en moi-même je ne suis absolument Rien.

Ainsi, non seulement la SCIENCE-1 tient compte du paranormal et le normalise, mais elle nous protège des dangers qui en accompagnent l'étude et la pratique.

28 : LA SCIENCE-1 DÉCOUVRE LE MONDE NATUREL

Le sens commun a inventé un univers remarquable dont la SCIENCE-3 a hérité et qu'elle a développé, un univers qui a quatre particularités essentielles : (1) N'ayant pas de Centre autour duquel s'organiser, il n'est pas structuré et est relativement uniforme, une pomme de terre cosmique plutôt qu'un oignon cosmique. (2) Son espace a trois dimensions d'importance égale, ainsi (par exemple) un cube de 2 cm a simultanément 2 cm de hauteur, 2 cm de largeur et 2 cm de profondeur ; sa profondeur est donnée en même temps que sa largeur et sa hauteur, et en un rien de temps il se retrouve avec six côtés. (3) Dans cet espace tridimensionnel, les gens et les choses restent plus ou moins constants, et les variations de la forme du cube de 2 cm (par exemple) ou de la taille d'un homme sont justifiées comme étant des variations dans la distance et l'orientation de l'observateur : ainsi il n'existe rien de tel qu'un cube à deux côtés ou un homme de la taille d'une tête d'épingle. (4) L'observateur lui-même est un intrus accidentel dans cet univers qui est ce qu'il est, suit son cours indifférent à l'attention que l'homme lui porte et se soucie peu de savoir si cet homme voit ou cesse de voir ; s'il vit ou s'il meurt. Pour ce que cela change, il pourrait tout aussi bien ne pas être là.

Certes, cet univers artificiel est d'un grand secours pour vivre dans l'univers réel : sans lui, la SCIENCE-3 et tous ses avantages, les fictions pratiques qui président à notre vie (et en lesquelles nous croyons) n'auraient jamais existé. La civilisation elle-même doit tout à cette invention humaine fondamentale entre toutes – on pourrait même dire que la civilisation est cette invention. Néanmoins, ce monde conceptualisé, ce plan pour un univers, ce Diagramme n'est habitable que par des diagrammes, et non par des gens réels. C'est un rêve de science-fiction dont il faut se réveiller. C'est un monde fait uniquement pour les 3es personnes et autres abstractions, et en réalité ce n'est pas un monde du tout mais un code, un ensemble de conventions, un appareil ménager cosmique, une carte pour contourner le vrai monde.

C'est lorsque je confonds la carte avec le pays que j'ai de graves ennuis. Si j'ai des problèmes, si je suis malhonnête, si je suis dans l'illusion, ce n'est pas parce que je reconnais le cosmos artificiel de la SCIENCE-3, mais parce que je suis convaincu qu'il existe vraiment. À force de prétendre vivre dans ce monde illusoire, non naturel, irréel, je risque fort de devenir moi-même comme lui. Mon remède, c'est la pratique assidue de la SCIENCE-1 qui implique la découverte du monde naturel, de la Nature telle qu'elle se livre à moi concrètement – ni dénaturée ni tordue, étirée, découpée selon les besoins de la société, mais la nature telle qu'elle se présente. La nature révélée, selon certains, comme le Paradis du Lotus[1].

---

1. Theologia Germanica : « Qu'est-ce que le Paradis ? Toutes les choses qui sont. »

Hakuin : « Ce lieu même est le Paradis du Lotus. »

Traherne : « Les pensées, habitudes et opinions des hommes du monde devraient nous être aussi étrangères que si nous n'étions que des petits enfants. »

Ceci n'est pas aussi difficile qu'il y paraît. Personne ne s'est jamais réveillé un beau matin dans l'univers-pomme-de-terre de la SCIENCE-3, un univers dont il ne serait pas le Centre. Personne n'a jamais *vu* un monde dont les hommes, les voitures et les maisons seraient soit présents grandeur nature, soit absents et sans dimension (sans aucune taille intermédiaire), un monde dont les étoiles seraient des soleils gigantesques, un monde dont le soleil serait un accessoire fixé dans le ciel, infiniment plus grand que la lune et immensément chaud, un monde dont la terre serait une boule tournoyante infestée de myriades de petits hommes s'accrochant à elle de façon précaire par la semelle de leurs chaussures, avec l'univers encapsulé dans chacune de leurs petites têtes – sans parler de l'esprit qui y habite aussi. L'ironie de l'histoire, c'est que personne, à l'intérieur ou à l'extérieur d'un hôpital psychiatrique, n'a jamais *vraiment* cru à cet univers-pomme-de-terre, ni même (à vrai dire) à un univers-oignon qui aurait pour cœur une boule solide couronnée de cheveux, plutôt que *l'absence* de toute chose. Pour vivre dans le monde naturel, dans l'UNIVERS-1, il me suffit d'avoir le courage de mes convictions, il me suffit de voir ce que je crois et de croire ce que je vois – que cette 1re Personne est le Centre vide et le Contenant rempli du monde entier. La vérité est toute simple et évidente, et dans mon cœur je n'en ai jamais douté. Ce qui est vraiment incroyable, c'est l'UNIVERS-3, le monde non naturel, le monde de science-fiction de la SCIENCE-3, le cosmos uniquement *physique* que l'on ne peut même pas imaginer clairement, encore moins percevoir.

29 : DES DÉCOUVERTES SANS FIN ATTENDENT LA SCIENCE-1

La SCIENCE-1 a à peine commencé à délimiter, sans parler d'explorer, son immense domaine où il n'est besoin d'aucune technique spéciale, d'aucun instrument particulier, mais seulement d'humilité – humilité devant les faits. Les questions qu'elle pose sont directes et simples. Qu'est-ce que cela signifie vraiment être moi en ce moment ? Comment le monde se présente-t-il réellement ? Exactement quel contrôle suis-je en train d'exercer sur lui en ce moment ? Oubliant ce que l'on m'a dit et ce que j'imagine, ce que la société avec son sens commun et la SCIENCE-3 me disent de croire, et osant enfin regarder par moi-même et prendre au sérieux ce que je découvre – qu'est-ce que je découvre ? Eh bien je vais de surprise en surprise, cela dépasse mes rêves les plus fous. *Je vois que ce que j'avais cru être la vérité sur moi et sur le monde est un paquet de mensonges !*

Prenons simplement quelques exemples parmi la quantité innombrable de faits éclatants. Je remarque que je détruis et recrée le monde, alors que les *gens* ouvrent et ferment simplement les yeux[1]. Je fais taire le monde, ils se bouchent les oreilles. Je fais tournoyer le monde, ils tournent sur

1. Rumi : « Quand vous fermez les yeux, le monde est aboli. »

eux-mêmes[1]. Je transmue le monde, je transforme ces jambes en herbe, en arbres, en collines, en ciel ; les gens se baissent et se relèvent. Je monte vers les étoiles et fais danser les constellations ; les *gens* tournent leur visage vers le ciel de la nuit[2]. La chaise minuscule, la route en forme de coin, les maisons de poupée, les trous de taupe-tunnels – tous s'agrandissent pour m'accueillir, et disparaissent quand je n'ai plus besoin d'eux ; les *gens* sont obligés de rétrécir et grossir pour s'adapter à leur environnement. Je peux, à volonté, transformer une orange en trois et le contraire, voir à travers une cuillère, retourner une tasse sans renverser le thé, réduire la taille d'une assiette sans la toucher ni la casser, passer à travers un trou de serrure, déplacer les montagnes, faire danser les maisons. Je peux conférer à n'importe qui ou n'importe quoi le suprême honneur d'être le point central, le produit fini et le sens de l'univers – et le lui retirer instantanément.

Tels sont les pouvoirs de la 1re Personne du singulier, les prérogatives royales du Roi timide – le Roi qui ne veut pas savoir qu'il est roi. Son royaume, l'univers de la 1re Personne, surpasse tout ce qu'il avait imaginé.

Aucune distance ne le sépare de ses sujets. Ils apparaissent devant lui en toutes tailles, grandissent et rapetissent sur ordre royal. Leurs qualités et leur comportement sont liés à leur élasticité : ainsi, les enfants minuscules sont silencieux et intangibles ; les voitures et les tigres minuscules se déplacent lentement et ne sont pas dangereux, bien qu'ils aient une façon inquiétante de grandir très vite ; les étoiles ne sont jamais grandes ou bouillantes ou particulièrement éloignées l'une de l'autre ; et le soleil est un disque brillant, plus petit qu'une pièce de vingt centimes, et il

1. Rumi : « Le Qutb (Pôle) est celui autour duquel les deux tournent. »
2. Blake : « La distance n'est rien qu'une illusion. »

glisse tous les jours à travers le ciel, au-dessus d'une vaste terre, plate et immobile.

Et ainsi de suite. Tel est le monde qui nous est donné. Je n'en ai pas encore découvert d'autre, sans parler de m'y installer. Jamais je ne me suis trouvé dans un univers dont cette 1re Personne n'était pas le monarque incontesté. Voyant cela, je reviens à moi, je suis de nouveau moi-même, je m'éveille. Cela consiste à revenir exactement là où on s'est trompé dans l'addition, et à recompter à partir de là. Cela signifie retrouver l'œil innocent et non corrompu du nouveau-né et de ses ancêtres pré-humains – mais avec une différence[1]. Le petit enfant ignore sa propre présence, l'éveillé au regard d'enfant voit sa propre Absence. La vision unidirectionnelle devient la vision bidirectionnelle. C'est la fin de la magie, de la superstition, des peurs primitives et infantiles. C'est aussi la fin des peurs adultes et civilisées.

Comme c'est étrange que le seul monde *habitable* soit territoire interdit pour l'adulte rationnel, et que, lorsqu'il est timidement exploré par quelque Colomb ou Livingstone, il paraisse si bizarre, si fantastique et désordonné ! En fait, il n'est pas chaotique du tout : tout s'y déroule selon ses propres lois vraiment naturelles – lois que les créatures non rationnelles ne trouvent pas du tout déroutantes. Ces lois doivent être codifiées dans une nouvelle science physique, car, contrairement à celles de la SCIENCE-3, elles sont basées sur les phénomènes tels qu'ils s'organisent eux-mêmes, et non tels que l'homme les organise.

Ces ramifications de la SCIENCE-1 ne sont pas un supplément facultatif, simplement un beau poème, un jeu passionnant, un plaisir immense – bien qu'elles soient tout cela. Si *science* signifie *découvrir comment sont les choses*, et si

1. Huang-Po : « Observe les choses telles qu'elles sont et n'écoute pas les autres. »

comment sont les choses inclut *comment elles sont données*, alors ignorer *comment elles sont données* n'est pas scientifique, et ce n'est guère plus excusable que n'importe quelle autre superstition. La curiosité, l'intégrité intellectuelle, la simple honnêteté sont en jeu – sans parler des conséquences psychologiques de cette attitude qui consiste à étouffer les faits et vivre dans un monde d'illusions.

La 1re Personne a de bonnes raisons de vouloir savoir *comment les choses sont données*. Qui est cette 1re Personne ? De qui viennent ces choses et à qui sont-elles données ?

Quand le Roi se désintéresse de l'état du royaume et de la manière dont il est gouverné, il se rendort à nouveau et se remet à rêver qu'il est l'un de ses propres sujets.

30 : LA SCIENCE-1 EST LA PLUS HAUTE RELIGION

La SCIENCE-3 doit beaucoup à la religion : historiquement, l'un de ses mobiles a été de découvrir l'esprit du Créateur exprimé dans son œuvre, la Nature[1]. Elle est, cependant, devenue, en fait sinon en intention, de plus en plus anti-religieuse et anti-spirituelle. Comment pourrait-il en être autrement, puisqu'elle a pour règle, et même pour tâche, de laisser le Sujet – le Je, l'Esprit – hors du tableau ? Il est vrai que certains de ses meilleurs représentants ont été des hommes religieux, mais cela n'a été possible que lorsque leur science et leur religion étaient du genre de celles qui peuvent être maintenues dans des compartiments parfaitement isolés. Sinon, l'une ou l'autre aurait explosé. Le prix de la foi est ici un certain manque d'intégrité, une pensée pleine de contradictions, un conflit intérieur. Le SAVANT-3, en tant que tel, n'est pas un homme complet : c'est un handicapé spirituel. La religion traditionnelle a de bonnes raisons de se méfier de la science et d'entraver son progrès.

La SCIENCE-1, d'autre part, est toujours si profondément religieuse et spirituelle qu'on pourrait tout aussi bien

---

1. Edward Young : « Le cours de la Nature est l'art de Dieu. »
Alexandre Pope : « Tous ne sont que les parties d'un tout prodigieux, dont la Nature est le corps, et Dieu l'Âme. »

l'appeler la religion ou la spiritualité de la 1re Personne. Remarquez, cependant, que si la Science de la 1re Personne est religieuse, ce n'est pas parce qu'elle est *moins* scientifique que la SCIENCE-3 ou refuse de pousser le doute assez loin, mais parce qu'elle est *plus* scientifique, *plus* curieuse, *plus* intransigeante, *plus* sceptique et ne croit rien aveuglément. Inversement, remarquez que si la Religion de la 1re Personne est scientifique ce n'est pas parce qu'elle est moins religieuse que les autres, ou moins dédiée au spirituel, mais parce qu'elle l'est beaucoup plus – parce qu'elle n'est pas autre chose que la plus haute des religions. Dire que la SCIENCE-1 est une entreprise essentiellement religieuse ne serait pas suffisant : elle est plutôt la religion spirituelle même, le cœur du sujet. Non que la SCIENCE-1 puisse se passer de la SCIENCE-3. Au contraire, la SCIENCE-3 a fait le travail indispensable de préparer le terrain, déracinant au cours des siècles les cosmogonies et cosmologies périmées de la religion, et les broussailles de mythes pré-scientifiques, de dogmes et d'hypothèses. Mais elle n'a rien mis à leur place. Seul reste le regard mélancolique que l'on porte sur le temps où il y avait la foi et le sens cosmique, seuls restent la nostalgie et un vide douloureux. La SCIENCE-1 retire la douleur de ce vide et nous laisse simplement avec le Vide, qui est la source vive de toute religion spirituelle.

31 : LA SCIENCE-1 RESTAURE LE SENS DU MYSTÈRE

La SCIENCE-3 est en guerre avec le mystère. Inévitablement, plus l'homme a de connaissances, moins il est étonné. L'arc-en-ciel est une illusion optique, le tonnerre et les éclairs une décharge d'électricité statique, la Terre-mère une simple motte, ses enfants une efflorescence planétaire. Car, loin de s'épargner lui-même, il retrace l'histoire de l'*Homo sapiens* jusqu'aux formes de vie les plus simples d'où il a émergé. Et même si l'Évolution ne donne pas de lui une explication parfaitement convaincante, elle le fait du moins apparaître tout à fait banal et inévitable. Il ne s'émerveille plus de rien, même pas de lui-même. C'est un grand aveuglement et une grande perte[1].

L'émerveillement du matin du monde ne peut être retrouvé qu'en se détournant du monde pour observer Celui qui le contemple. On aurait pu penser que la SCIENCE-3, avec son génie pour découvrir de nouvelles merveilles dans l'univers, accentuerait notre admiration pour lui, et inversement

1. Pascal : « C'est un aveuglement extraordinaire que de vivre sans examiner ce que nous sommes. »

Kierkegaard : « Comprendre tout excepté soi-même, c'est vraiment comique ! »

Plotin : « Notre connaissance de nous-même est notre beauté : dans l'ignorance de nous-même nous sommes laids. »

que la SCIENCE-1, avec son génie pour découvrir seulement le Vide, la tuerait carrément. Mais pas du tout. Je découvre que c'est lorsque mon attention est centrée essentiellement sur Celui qui est présent ici, et seulement incidemment sur le monde qui me fait face, que le monde devient merveilleux en moi. Alors la grande surprise, le fait le plus stupéfiant de tous n'est pas *ce qu'est* le Cosmos, mais *le fait qu'il soit*. Ce qui est fabuleux, ce n'est pas l'infinie variété des produits là-bas, mais leur simple Origine ici[1]. Néanmoins, lorsqu'on voit clairement Cela dont ils procèdent, ils revêtent un peu de la merveille de leur Origine, et rien n'est plus jamais banal.

Il est vrai qu'en principe, dans son étude des phénomènes, la SCIENCE-3 procède en allant vers le bas, du macroscopique au microscopique et du microscopique à l'ultime Substrat physique qui est aussi le mystère ultime. Mais elle ne peut jamais aller jusqu'au bout : le Substrat (qui est le Vide) n'est pas gagné, et le mystère est perdu. Seul le SAVANT-1, en faisant pivoter son attention de 180° (à l'aide de ce parfait *microscope ultra-électronique* qu'est le tunnel en papier, par exemple) peut compléter l'histoire et voir réellement que les phénomènes sont fondés sur le Vide, et donc sur le Mystère lui-même. Et qu'est-ce donc finalement que cette Science de la 1re Personne sinon le ravissement du Mystère savourant l'infinitude de son propre mystère, sa parfaite connaissance de lui-même en tant que parfaitement inconnaissable ? « Envers et contre tout », s'écrie-t-il, « Je suis réellement ! Sans aide ni spectateur J'ai réalisé l'invraisemblable, l'impossible ! Seul Je Me suscite Moi-même, Je me produis Moi-même. Il ne devrait y avoir absolument rien. Il n'y a aucune raison que Je Sois. Et pourtant.

---

1. Wittgenstein : « Ce n'est pas le comment des choses de ce monde qui est mystique, mais le fait qu'il existe. »

Me voici ! Après cela, rien n'est impossible, tout ce que je fais est un jeu d'enfant, et un milliard d'univers sont une bagatelle ! » Faire cette expérience, ce n'est pas faire écho à l'Étonnement Divin, c'est vraiment le vivre avec délice. C'est incomparable[1].

1. Plotin : « Il s'est donné l'existence à Lui-même, Il s'est fait Être Lui-même. »

32 : LA SCIENCE-1 TRIOMPHE DU TEMPS

L'une des preuves les plus éloquentes de la validité de la SCIENCE-3 est l'éventail et l'exactitude de ses prédictions, depuis le minutage exact des éclipses et du passage des comètes jusqu'aux prévisions météorologiques, de l'évaluation exacte de la trajectoire d'une balle par grand vent à la programmation détaillée d'un tir lunaire. Il est certain que la SCIENCE-1 ne peut pas rivaliser avec cela. La vision de Qui je suis vraiment, ici, au Centre du monde, peut-elle me donner le moindre renseignement sur l'avenir du monde ? La SCIENCE-1 a-t-elle quelque almanach secret, quelque singulière boule de cristal ?

Certes, elle ne peut rien me dire sur l'avenir des *autres là-dehors* – ça, c'est l'affaire de la SCIENCE-3. Mais elle me dit tout sur l'avenir (et le passé) de *Moi-même ici*, de cette Réalité claire comme le cristal totalement distincte de ses apparences nébuleuses, cette Réalité qui est en fait la Réalité de tous, cette Histoire Intérieure qui est en fait l'Histoire Intérieure de tous. La SCIENCE-1 se mêle de ce qui la regarde : elle ne fait qu'une seule prédiction, mais cette prédiction est compréhensive, absolument précise, claire, sans limite dans le temps et décisive, parce qu'elle concerne ce que les choses sont, et non pas ce qu'elles paraissent être.

Et ce qu'elles sont est immuable, *le toujours-ainsi*[1]. Cette Identité centrale, fondamentale, transparente, est la même dans tous les êtres, à jamais. C'est leur Maison Éternelle, leur Indéfectible Simplicité. Elle est en eux non seulement comme le souvenir de leur Origine commune et l'avant-goût de leur Destinée commune, mais comme cette Origine et cette Destinée unies et éternellement présentes dans leur Être même. Voir cela (le comprendre seulement ne sert absolument à rien), voir cela c'est voir à travers le temps dans l'éternité, maintenant. Et cette ultime prédiction est la réalisation du Repos et de la Paix au Cœur commun de toutes les créatures[2].

L'alternative, c'est l'angoisse sans cesse grandissante, l'angoisse qui augmente avec l'intelligence, la responsabilité et le savoir. Plus le SAVANT-3 voit loin, plus il prévoit de problèmes : son propre déclin, avec la maladie, la vieillesse et la mort, la surpopulation mondiale conduisant à la malnutrition générale, l'aggravation des conflits raciaux et religieux, la pollution croissante et l'épuisement des ressources naturelles de la terre, l'extinction finale du soleil entraînant la mort lente de la terre, l'épuisement thermodynamique ou entropie de l'univers lui-même. Les détails de l'histoire peuvent varier, mais la fin est toujours la même : tout périt, et cette destruction est d'autant plus triste qu'elle est prévue. Une fois de plus, le SAVANT-3 ne réussit que trop bien – mais de loin pas encore assez bien. Il tombe douloureusement dans le temps, entre les deux chaises de l'instantané et de l'éternel.

---

1. Chuang-Tzu : « Tout ce qui a forme, son, couleur peut être classé dans la rubrique *choses*. Mais on peut atteindre le sans forme et vaincre la mort. Comment de simples *choses* peuvent-elles se comparer à ce qui possède l'éternité ? »

2. Eckhart : « Tant que l'homme vit dans l'univers du temps et des lieux, des nombres et des quantités, il n'est pas tel qu'il devrait être, il n'est pas vrai. »

Que faire alors ? Incapable de retourner au stade de l'enfant relativement insouciant parce qu'il n'a pas la notion du temps, notre seul remède consiste à avancer vers le stade du sage à l'âme d'enfant pour qui le temps est l'éternité, qui est totalement insouciant parce qu'il voit que Ce qu'il est maintenant se situe au-delà de la vie et de la mort et de tout changement. Toutes les choses périssent, mais Cela qui est Non-chose demeure. Les apparences sont forcément éphémères, mais la Réalité dont elles sont les apparences, le Mystère d'où elles surgissent continuellement – cet Abîme inépuisable peut-il être affecté par quelques millions de galaxies de plus ou de moins ? Tout revient donc à la question cruciale de ma véritable Identité. Si je tiens absolument à faire de moi, ici, un objet, une chose, une 3e personne, je suis consumé par un millier de peurs et serais plus heureux mort. Mais si j'abandonne cette habitude irréaliste et peu fructueuse et si je reviens à Moi, je vois que je ne suis jamais sorti de ce merveilleux Abîme, qu'avant qu'Abraham fût, je suis-avant la première galaxie et le premier atome, avant le temps lui-même. Exactement ici et maintenant, en ce lieu même qui est l'origine de la tempête du temps et du changement, Je suis Chez Moi, sain et sauf. Pourquoi quitterais-je ce Refuge ?

33 : LA SCIENCE-1 CONTRÔLE L'ENVIRONNEMENT

Parmi tous les faits qui plaident en faveur de la SCIENCE-3, le principal est sa merveilleuse capacité non seulement de prédire les événements, mais de modifier leur cours et de changer le monde. Même si l'on tient compte de tous ses échecs et inconvénients, il n'en reste pas moins que la SCIENCE-3 a une importance énorme, elle fait des merveilles, elle refaçonne complètement l'environnement de l'homme. La SCIENCE-1 a-t-elle quoi que ce soit de comparable, quoi que ce soit de tangible à son crédit ?

Il n'y a vraiment aucun espoir – ou aucun danger – qu'elle puisse ajouter aucune réalisation matérielle à celles de la SCIENCE-3. Elle a une autre tâche qui consiste non à apporter un changement relatif (pas-toujours-intentionnel et pas-toujours-bénéfique) à ce très petit coin de l'univers, mais à transformer radicalement tout l'ensemble. *Car toute chose, quand elle est observée simultanément avec son observateur – chose face à Non-chose – en est radicalement transformée.* Il est vrai que dans un certain sens, rien n'est changé : le ciel n'est ni beaucoup plus bleu, ni beaucoup plus gris, certaines personnes sont toujours moins agréables que d'autres, le vent d'hiver souffle toujours à travers moi. Et, certes, je me trouve plus (et non moins) froidement réaliste lorsqu'il s'agit d'apprécier le bon, le mauvais et le quelconque, le beau, le laid et l'insipide. Pourtant, dans un autre sens beaucoup plus important, tout est changé, pas seulement amélioré, mais vraiment parfait. Et cela, parce que rien n'est plus à l'extérieur de moi, étranger à moi, et donc une menace en puissance ou réelle, mais au contraire tout vient de moi, tout est en moi, tout est mien, tout est profondément Moi-même, et donc tout est acceptable, et même, finalement, intentionnel. En termes religieux, mon acceptation sans réserve de la volonté de Dieu (telle qu'elle s'exprime dans le déroulement des choses) est l'ajustement de ma volonté à la sienne pour que ce que je souhaite soit ce qu'il souhaite, et que mon impuissance, mon abandon total et sa toute-puissance ne fassent plus qu'un[1]. Ce paradoxe peut paraître de l'aveuglement, sinon une absurdité, tant que l'on n'en fait pas réellement l'expérience. Il ne s'agit pas de croire cela, mais de le vérifier – en pratiquant sincèrement et régulièrement la vision dans les deux sens, regardant simultanément l'observateur et l'observé et *observant ce qui arrive à l'observé*. Ceux qui ont fait cette expérience sérieusement affirment que l'environnement est vraiment recréé, si bien que la terre se révèle comme le Paradis même.

---

1. De Caussade : « La sainteté consiste à vouloir ce qui nous arrive par la volonté de Dieu. Si nous apprenions à voir dans chaque moment une manifestation de la volonté de Dieu, nous y trouverions tout ce que notre cœur peut désirer. »

Rabbi Nahman de Bratzlav : « Les autres prennent le pouvoir sur vous si vous avez une volonté distincte de celle de Dieu. »

34 : LA SCIENCE-1 EST PRATIQUE

On pourrait objecter que la SCIENCE-3 est au moins pratique d'un point de vue ordinaire, terre à terre. Elle sait comment traiter une panne de moteur ou un accès de fièvre de cheval, et une infinité de problèmes sur lesquels la SCIENCE-1 reste silencieuse.

C'est vrai. Mais si *pratique* signifie *modifier les choses dans l'intérêt des hommes*, alors la SCIENCE-3 est souvent fort peu pratique. Il finit toujours par y avoir une colonne *débit* à côté de la colonne *crédit* – factures énormes non prévues au budget, effets secondaires et retombées imprévues qui réduisent ou même annulent le solde créditeur. Ainsi, les inventions mécaniques ne peuvent pas continuer à suppléer et remplacer l'homme sans qu'il en souffre. Les antibiotiques favorisent l'évolution rapide de certaines variétés de micro-organismes qui sont résistants aux antibiotiques. Et puis, il y a l'exemple notoire de la surpopulation résultant du contrôle des maladies épidémiques, de l'extension des soins médicaux et du perfectionnement des techniques médicales, ainsi que du développement de l'hygiène, de la lutte contre la famine, etc. Si la survie de millions ainsi épargnés entraîne une plus grande pénurie de vivres, plus de misère noire et de maladies, est-ce là un résultat véritablement *pratique* ? De même, il est clair aujourd'hui que l'emploi des pesticides, des herbicides sélectifs, des engrais inorganiques, et l'agriculture scientifique en général, bien qu'extraordinairement *pratiques*, ne sont pas des bienfaits sans mélange, et que leurs méfaits à long terme sont incalculables. Et on pourrait dire pratiquement la même chose de tous les progrès techniques importants. Plus la SCIENCE-3 avance rapidement, plus nombreuses et plus tranchantes sont les épées de Damoclès qu'elle suspend au-dessus de la tête de l'homme. Peut-être cela l'oblige-t-il à rester vigilant, mais ce n'est guère un moyen *pratique* de le faire.

Fort heureusement, la 1re Personne n'a pas de tête sur laquelle les épées puissent s'abattre. Et heureusement la Science de la 1re Personne n'a pas d'arme et n'est pas dangereuse. Elle n'a jamais fait de mal à personne. Elle n'a pas d'effets secondaires fâcheux. Elle ne fait que du bien, et ce bien est immense. En un mot, elle est vraiment *pratique* – pratique parce que, grâce à elle, le monde devient un meilleur endroit, non seulement pour ceux qui voient, mais pour tous ceux qui y vivent. Bien que ce ne soit pas son intention, c'est le rôle de la SCIENCE-1 de sauver le monde des conséquences de la SCIENCE-3. Les casse-tête actuels – guerres, conflits raciaux, avidité économique, conflit des générations, crime et violence, maladies mentales, drogue, et tous les autres symptômes de l'angoisse fondamentale de l'humanité – proviennent du fait que l'on s'imagine avoir une tête à casser, on pense que l'on est ce que l'on n'est pas, une chose ou 3e personne. Et quiconque est guéri de cette illusion insensée aide automatiquement les autres à guérir, et agit ainsi dans l'intérêt du monde infiniment plus que le monde ne peut l'imaginer. Voilà qui est vraiment pratique.

Quant à l'aspect pratique personnel, je remarque que lorsque je reviens à moi et reconnais Qui je suis, je travaille et joue beaucoup mieux, avec plus d'énergie, d'enthousiasme et de plaisir, je suis plus créatif : ce que je fais, je le fais mieux, avec plus d'amour et d'efficacité. Quoi de plus réaliste que cela ? Et quoi de moins réaliste que de prétendre être ce que je ne suis pas – comme si je pouvais sans danger manier efficacement une scie en supposant que c'est un marteau ! Vraiment, mon comportement n'est jamais aussi irresponsable et extravagant que lorsque j'ignore le Vide que je suis ici – ce Producteur d'Origine que l'on pourrait difficilement accuser de manquer d'esprit pratique, voyant qu'à partir de sa propre Vacuité, il fabrique et livre cet univers prêt à l'emploi (avec, pour faire bonne mesure, sa propre conscience ravie de le faire), le tout assemblé selon le strict principe du *faites-le-vous-même*, mais sans matériau, ni trousse à outils, ni mode d'emploi, ni aucune aide extérieure ! Le moins qu'on puisse en dire, c'est que la 1re Personne, et la Science de la 1re Personne, sont pratiques. Elles livrent la marchandise[1] !

Mais on est facilement enclin à un double irréalisme, une double absurdité. Faire de cette 1re Personne ici une 3e personne, et de ces 3es personnes là-bas une 1re Personne, c'est se fermer soi-même et transformer les autres en corps hantés – et ce sont les deux faces d'une même pièce. C'est une fausse pièce, que le Maire de Glastonbury[2] (le plus réaliste de tous les personnages fictifs) a reconnue comme sans valeur. « Il était obsédé, avec une passion voisine de la transe, par l'apparence de notre monde *exactement tel qu'il apparaissait*... Pour le Maire de Glastonbury, les pensées des gens n'existaient pas. Et s'il y a un niveau de possibilité plus non-existant que la non-existence même, ce niveau

---

1. Angelus Silesius : « Dieu est merveilleux
il veut ce qu'il est,
et est ce qu'il veut
sans fin ni cause »
2. John Cowper Powys, *A Glastonbury Romance*, New York, 1932, p. 212.

était rempli (pour lui) par les instincts, les sentiments, les impulsions, les aspirations et les intuitions des gens… Dans ses relations avec ses co-citoyens au conseil municipal, le Maire réussissait fort bien. Et cela, grâce à l'énorme avantage qu'il avait sur les gens qui croyaient en la réalité des pensées et sentiments. Parfois, lorsqu'un voleur ou un menteur entrait en conflit avec lui, le contrevenant était abasourdi par la perspicacité du Maire. » Ajoutez à cela le fait qu'il était (selon son auteur) un homme heureux et un bon citoyen, et vous devrez convenir qu'il était aussi éminemment pratique[1].

1. Bayazid de Bistun : « J'ai regardé et vu que toutes les choses créées étaient mortes. J'ai récité quatre akbirs pour elles et suis revenu de leurs funérailles, et sans l'intervention d'aucune créature, mais avec la seule aide de Dieu, j'ai atteint Dieu. »

35 : LA SCIENCE-1 EST SPONTANÉMENT APPLIQUÉE

La SCIENCE-3 étudie en profondeur les choses qui composent le monde, les forçant à dévoiler leurs secrets cachés – secrets dont, après maintes tentatives et erreurs, et parfois après de graves conflits d'ordre moral, on fait finalement toutes sortes d'usages, bons ou mauvais.

La SCIENCE-1 va encore plus loin, elle va jusqu'au Cœur même des choses et découvre le Secret central lui-même, qui seul est parfaitement pratique, incapable de mauvais usage ou mauvaise application, et peut être mis en œuvre immédiatement. Car ici il n'y a pas de décalage, pas de timides tentatives ni d'expérimentations fiévreuses, pas de délibérations anxieuses ni de crises de conscience, pas de doutes ni de désaccords éthiques, intervenant entre la science pure et la science appliquée : l'application est instantanée et juste.

Je découvre que, lorsque je vois clairement Qui voit, il n'est pas nécessaire – il est même fatal pour cette vision – de s'inquiéter de ce qu'il faut dire ou faire, penser ou ressentir : l'expression idoine de la 1re Personne se fait naturellement, spontanément, selon les circonstances. Le résultat est imprévisible. Si cela paraît peu conventionnel, fou, choquant ou même odieux selon les normes de la 3e personne, on n'y peut rien. À long terme, c'est ce qui était nécessaire. Je sais attendre, mais je n'hésite plus. Et quand le besoin s'en fait vraiment sentir, ce qui est juste est fait. Ainsi, je ne décide pas à l'avance de ne pas être froid, désagréable, mesquin et irritable, de ne pas me vanter, de ne pas trop manger, de ne pas voler, de ne pas flatter, mépriser, me plaindre, bouder (la liste est interminable), mais il y a de grandes chances qu'un tel comportement ne se produise pas si je suis attentif à la Source de tout comportement. Si on a l'impression que je vis selon certains *principes*, c'est un point de vue purement accidentel et extérieur, car l'Un, ici, est exempt de principes – comme de tout le reste. Il ne s'agit pas non plus de la substitution de la Loi de l'Amour à celle des Dix Commandements. Le Vide ici, qui est la Source non seulement de l'amour, mais de son contraire, ne connaît pas de loi. La 1re Personne est a-morale, a-tout. Inévitablement. Car me *prescrire des règles à moi-même*, c'est faire de moi-même un cas, cultiver un visage ou une image de moi-même, m'enfermer, devenir un souvenir, une 3e personne, une chose séparée qui est naturellement égoïste. Inversement, être Moi-même, c'est être cette 1re Personne du singulier qui, consciemment identique à toutes les autres 1res Personnes (non qu'il y en ait d'autres) est naturellement *non-égoïste*, et dont la *bonté* ne doit rien à des règles et est vraiment créatrice.

Les règles appartiennent au monde des 3es personnes qui sont séparées et où, cependant, elles ne réussissent guère à combler le fossé entre les bonnes intentions et idées de l'homme d'une part, et son comportement de l'autre. La contradiction tragique entre l'idéal et la réalité, entre le savoir et l'action, entre les découvertes de la SCIENCE-3 et leur utilisation, n'est résolue que par la SCIENCE-1 – qui nous permet de découvrir la Source Vive à la fois du savoir et de l'action[1].

---

1. D. T. Suzuki : « Une fois supprimée l'illusion du *je*... Celui-ci agira avec la plus grande liberté, avec intrépidité, comme le Dharma-Roi lui-même, en vérité l'UN. »

Comment puis-je aider les autres à faire cette découverte ? En renonçant à cette idée même, et en concentrant mon attention sur le Lieu où il n'y a pas d'autres. Tant que je vois Cela clairement, peu importe si la façon dont je l'exprime semble absurde et confuse : le message passera de toute façon. La seule façon dont je puisse aider en profondeur, c'est en m'occupant de mes affaires les plus profondes, en cet instant même : voir-et voir ce qui se produit.

Saint Paul : « Là où est l'esprit du Seigneur, là est la liberté. »

36 : LA SCIENCE-1 EST UNE PSYCHOTHÉRAPIE DE BASE

De nos jours, l'une des branches de la SCIENCE-3 les plus prolifiques est la psychologie, la science du mental, et en particulier la psychiatrie et la psychothérapie, le traitement du mental malade. Ce domaine est florissant : la quantité innombrable d'écoles, de théories et de techniques, la polémique entre les écoles, les découvertes, le jargon, la littérature, l'intérêt populaire, le nombre de praticiens, le nombre de malades, tout y est en plein essor, peut-être même les bienfaits thérapeutiques qui, cependant, sont encore bien loin de répondre aux besoins réels. Ce secteur de la SCIENCE-3 (dont certains diraient que ce n'est pas une science mais un art, ou plutôt même une industrie lourde) serait-il trop créateur, si bien que plus il y en a, plus on a besoin qu'il y en ait ? Tout se passe comme si, plus on accorde d'attention à la psyché, plus elle en redemande, et tel un enfant capricieux, elle fera n'importe quoi pour qu'on s'occupe d'elle : alors, elle présente indéfiniment de nouveaux problèmes – urgents, affreux, convaincants – rien que pour inquiéter les profanes et occuper les psychiatres.

La SCIENCE-1 a une façon rapide de traiter cet enfant à problèmes : elle refuse de jouer ce jeu. Et à juste titre, car c'est la science du Sujet immuable, et non celle de ce pseudo-objet aussi changeant qu'un caméléon appelé la psyché.

C'est la science de Celui-qui-fait-les-expériences, et non des expériences. En langage d'autrefois, c'est la science de l'Esprit considéré comme distinct du mental et du corps. La 1re Personne, en tant que telle, n'a ni psyché ni psychologie, elle est pure Conscience sans l'ombre de quoi que ce soit qui lui soit propre. Ici, j'abandonne tout. Tout ce que j'essayais d'agripper est déchargé sur le monde. Et maintenant que je me trouve ici au Centre, dénué de toutes qualités et fonctions, et que le monde là-dehors en est plein, je cesse de coller sur certaines d'entre elles l'étiquette *mentale* ou *subjective* ou *secondaire* et *mienne*, et sur les autres l'étiquette *physique* ou *objective* ou *primaire et non mienne*. Je découvre que toute expérience concerne l'extérieur, est centrifuge, et que si j'ai un mental, ce n'est rien d'autre que mon univers. Tout ce fatras mental menaçant se dirige vers les objets auxquels il se rattache et va se déposer sur eux, laissant le Sujet ici débarrassé de tout cela, intrinsèquement vide, libre, détaché, calme.

Ainsi, disperser le mental c'est le guérir. C'est parce que la SCIENCE-1 est tellement non-psychologique (ou métapsychologique) qu'elle est si efficace psychologiquement. Elle guérit mon mental en me guérissant du mental[1]. Car, finalement, l'ennui avec mon mental c'est la conviction que j'ai d'en avoir un. Et il suffit de le renvoyer à sa

---

1. « Contrôler le mental, dit Ramana Maharshi, c'est découvrir que le mental n'existe pas. » Le principal enseignement Zen est *la Doctrine du Non-Mental*, et la méthode sommaire du Zen pour pacifier le mental consiste à me mettre au défi de le produire, de mettre le doigt dessus ou de le localiser. Citons ainsi Hui-Chung : « La Bouddheité est *atteinte quand il n'existe pas de mental pour le faire.* » Et Huang-Po : *« N'ayez simplement aucun mental d'aucune sorte :* ceci est la connaissance pure. » Parmi les psychologues eux-mêmes, il *y* a évidemment ceux qui réduisent le mental au comportement, et Dr. Maudsley écrivait : « Cela pourrait être très instructif et carrément surprenant d'examiner ce que peuvent encore signifier les termes techniques de la psychologie si on leur retire leur sens physique. »

place (dans l'Univers multiple ou, en termes Zen, dans le *Grand Espace*) pour tout remettre en ordre. Résoudre mes problèmes psychologiques c'est me débarrasser de ma psychologie – ce fouillis imaginaire de pensées et d'émotions toutes arrachées de leurs objets, ramassées ici et enfermées dans une minuscule boîte en os – la plus grande collection de chauve-souris dans le plus petit des beffrois. Quand je vois Ce Que je suis réellement en tant que 1re Personne, je n'ai ni tête, ni mental, ni corps, ni aucun de leurs problèmes, à quelque niveau que ce soit. Et quand je ne vois pas cela, j'ai une foule de problèmes, tous réductibles à celui de cette tumeur morbide appelée cerveau/tête/mental, cette malignité qui se développe ici même au milieu de mon univers. Dire que ce kyste cancéreux m'encombre et fait obstacle à ma lumière est un euphémisme. Il me rend fou, même s'il est totalement imaginaire. Ce n'est pas tant que *j'ai* des problèmes mentaux, mais que je les *attire* gratuitement, en ce Lieu même qui a besoin d'être libre de tous problèmes – et qui manifestement l'*est* quand je porte mon attention sur lui. Je ne saurais me passer de cette illumination qui fait briller la lumière sans interruption sur ce Lieu dégagé de toute obstruction.

En fait, je suis guéri lorsque je suis débarrassé de ce fatras psychologique. Mais, en prime, le fatras lui-même est largement amélioré quand je le laisse aller se déposer sur son objet. Quand *Je suis amoureux d'elle* devient *Elle est merveilleuse*, la sentimentalité complaisante devient du véritable amour. Quand *Je le hais* devient *Il est horrible*, il n'est pas si horrible somme toute mais plutôt désavantagé. Quand *J'ai peur* devient *Il est brutal*, la peur inhibante devient prudence nécessaire. Quand *J'ai la foi* devient *Dieu est*, je deviens vraiment religieux. Quand *Je passe un moment merveilleux* devient *Quelle scène superbe* ! la scène est transfigurée. Quand *Mon visage est laid* devient *Ce visage dans la glace est laid*, la jeune fille laide devient moins laide. Quand *Je me délecte à regarder ce tableau* devient *OH !, la galerie d'art vaut la visite*. Quand *J'étudie l'Histoire* devient *Qu'est-ce qui s'est passé* ?, il y a beaucoup de chances que je me souvienne des événements. Et ainsi de suite. En dépouillant l'univers de ses qualités, je le détériore ; en les lui restituant, je répare les dommages. Mon petit mental explose aux dimensions de ce qu'il a toujours été : le monde originel et indivisé. Quand je suis consciemment la grande ouverture, quand je ne suis plus une chose parmi d'autres choses, une conscience parmi d'autres consciences, je suis Libéré, et le monde est très bien, malgré tout, parce qu'il est entièrement moi[1]. Il n'y a pas de destins, de facteurs ou de forces extérieurs à la 1re Personne que je suis et qui travailleraient contre moi. Même les choses les plus *horribles* qui m'arrivent à moi en tant que 3e personne sont en réalité ma volonté profonde en tant que 1re Personne. Alors je dis oui ! à la vie, et ceci est la vraie thérapie.

Un ancien mythe (adapté) illustre bien la différence entre la méthode psychologique de la SCIENCE-3 et la méthode métapsychologique de la SCIENCE-1. Au fond d'un lac vit le dragon qui garde la Perle de l'Illumination. Le SAVANT-3 plonge et fonce tête baissée sur le dragon qui fait toujours semblant d'être sur le point de se rendre, mais en fait n'abandonne jamais et ne lâche en aucun cas son précieux

---

1. Abraham H. Maslow : « Lorsqu'il devient vraiment lui-même… l'astronome est “là-dehors” avec les étoiles, et non plus une entité séparée regardant à travers un trou de serrure télescopique une autre entité séparée de lui par un abîme. »

Héraclite : « Nos âmes vivent dans le monde environnant. » Chuang-Tzu : « Quand Pu-liang Yi plaça le monde et toutes les choses et toute la vie à l'extérieur de lui, il devint aussi clair que l'aurore et vit son unicité. »

joyau. Pendant ce temps, le SAVANT-1 se faufile tout doucement derrière le dragon et s'empare de la Perle qui se révèle ensuite douée du pouvoir de dompter le monstre. Car, en possession de ce Trésor infini, voyant qu'il est lui-même ce Trésor, le SAVANT-1 n'ignore pas le dragon. Au contraire : il peut enfin affronter ses éternelles cabrioles sans peur, avec objectivité, sans plus s'identifier à elles. Le dragon n'est plus le dragon, mais il ne s'est pas non plus transformé d'un jour à l'autre en un minet ronronnant. En fait, sa réaction à la perte de la Perle peut fort bien être un grand déploiement de fureur. Mais tout ceci n'est que vent et écume. La Réalité du dragon, sa Source, le seul et ultime pouvoir est la Perle elle-même, à savoir la 1re Personne du Singulier du Présent.

En un mot, mes problèmes psychologiques se réduisent tous à un seul qui est mon problème d'Identité. La seule façon de les résoudre, c'est de porter mon attention sur Celui qui est ici, sur cette 1re Personne qui est censée les avoir. C'est ici qu'est la seule analyse profonde, la seule véritable thérapie qui pénètre jusqu'à la Racine du mal, le seul remède durable pour ma maladie. Même si les résultats sont lents à se manifester (et sont peut-être plus évidents pour les autres que pour moi-même), cette méthode est économique, habile, elle empêche toute fausse manœuvre et a été mise à l'épreuve depuis des milliers d'années, elle est accessible instantanément et (bien que dans un sens elle coûte les yeux de la tête) elle est complètement gratuite. La Liberté est gratuite.

37 : LA SCIENCE-1 DIAGNOSTIQUE ET TRAITE LA MALADIE SPÉCIFIQUE DE L'HOMME

La SCIENCE-3 appelle *normaux* (matures, adultes, sains) ceux qui ont perdu leur état de 1re Personne, et *anormaux* (retardés, infantiles, peut-être malades) ceux qui l'ont gardé. La SCIENCE-1 définit comme *normal* ou *sain* quiconque est consciemment les deux, 1re Personne et 3e personne à la fois, sans les confondre.

Tant que je ne suis pas revenu à moi, j'essaie de me concevoir face à face avec tous ceux que je rencontre, de réaliser une relation symétrique à tout prix. Cette détermination à mélanger ce qui n'est pas mélangeable, à corrompre l'esprit qui est ici (de mon côté du tunnel) avec de la matière, et la matière qui est là-bas (à l'autre bout du tunnel) avec de l'esprit, à transformer cette 1re Personne-ci en 3e et cette 3e personne-là en 1re, à recouvrir cette conscience-ci d'une surface et à miner cette surface-là avec une conscience – telle est la psychose ancestrale, universelle de l'homme[1]. La condition humaine *normale* est pathologique. Il s'agit d'une aliénation plus profonde, qui a des conséquences bien plus insidieuses, qui est plus contagieuse et plus endémique

---

1. Dickens : « Mr. Dorrit emploie la formidable Mme Général pour aider l'innocente Mlle Dorrit à *cutiver une surface.* »

que n'importe quel autre genre de folie. La différence entre le fait que *je crois être telle chose* et *non telle autre* (disons Napoléon ou une théière, et non Douglas Harding) est négligeable comparée à celle entre le fait que *je crois être n'importe quelle chose* et le fait que *je vois que je suis Non-chose*. La 1re Personne et la 3e ne sont pas seulement différentes : on ne peut pas du tout les comparer. Elles n'ont rien de commun. Tout ce qui s'applique à l'une ne peut pas s'appliquer à l'autre. Voilà pourquoi il est si préjudiciable de les confondre[1].

Il faut distinguer quatre étapes dans l'étiologie et le traitement de cette maladie :

1 – Comme tous les animaux, pour lui-même le nouveau-né est Non-chose, sans visage et grand ouvert, il n'est pas séparé de son monde, il est 1re personne sans le savoir.

2 – Il arrive que le jeune enfant, prenant conscience de temps en temps de lui-même-tel-qu'il-est-pour-lui-même, demande à sa mère pourquoi elle a une tête et lui pas, ou proteste qu'il n'est pas un garçon (il n'est pas du tout comme cet enfant là-bas dans la glace !), ou annonce même qu'il n'est rien, qu'il est absent, invisible. En même temps, cependant, il prend de plus en plus conscience de lui-même-tel-qu'il-est-pour-les-autres – une 3e personne très humaine et très spéciale, avec une tête et un visage. Les deux visions de lui-même sont valables et utiles.

3 – Mais à mesure que l'enfant grandit, cette idée acquise de lui-même-vu-de-l'extérieur en arrive à obscurcir et finalement à éclipser sa vision naturelle de

1. Eckhart : « L'homme intérieur et l'homme extérieur sont aussi différents que la terre du ciel. »

Te-Shan Hsuan-Chiou : « C'est seulement lorsque vous ne trouvez aucune chose dans votre esprit et aucun Esprit dans aucune chose que vous êtes vide et spirituel, sans forme et merveilleux. »

lui-même-vu-de-l'intérieur. En fait, il rapetisse. Au début, il contenait son monde ; à présent, c'est son monde qui le contient, lui – enfin, le peu qu'il reste de lui. Lorsqu'il s'agit de décrire ce qu'il est, là où il est, il croit tout le monde sur parole excepté lui-même, et il n'est plus 1re Personne. Les conséquences sont de plus en plus tristes. Ayant été le Tout, on l'a fait rétrécir jusqu'à n'être plus que ce petit fragment dérisoire, alors il devient avide, haineux, craintif, refermé sur lui-même et fatigué. Avide, parce qu'il tente de regagner, à n'importe quel prix, un peu de son empire perdu ; haineux, parce qu'il essaie de se venger d'une société qui l'a si cruellement amputé ; craintif, parce qu'il se voit comme une petite chose dressée contre toutes les autres choses ; refermé sur lui-même, parce que par nature les choses ne laissent pas entrer les autres ; fatigué, parce qu'il faut dépenser tant d'énergie pour maintenir les apparences de cette chose ici au lieu de les laisser aller à leur place. Et tous ces problèmes proviennent de son problème de base qui est son erreur d'identité, puisqu'il imagine (contrairement à toute évidence) qu'il est à 0 centimètre de lui-même ce qu'il paraît être à 2 mètres de distance : une masse de matière solide, opaque, colorée, limitée. Bref, il est à côté de lui-même, ex-centrique, étranger à lui-même – alors tout va mal.

4 – Vous, cher lecteur, avez vraiment vu, grâce à mon tunnel et au miroir de votre salle de bains, ce que c'est qu'être 1re Personne du singulier – la Non-chose qui est néanmoins vivement consciente d'elle-même en tant que Contenant ou Espace d'Accueil pour tout ce qui se présente en ce moment. Mais c'était il y a quelques instants. Maintenant que nous avons atteint la fin de ce livre, je dois vous demander d'utiliser à nouveau le tube qui se trouve au milieu pour renouveler cette expérience cruciale, voyant ce que vous voyez dans le tunnel au lieu de ce qu'on vous a dit

de voir. Voir ainsi, c'est croire. Totalement non-mystique (au sens populaire du terme), c'est une expérience précise, radicale, c'est tout-ou-rien, il n'y a pas de degrés de vision. La libération est instantanée et totale – aussi longtemps que dure l'expérience. Ensuite commence la partie vraiment astreignante du travail : vous devez continuer à voir votre Absence/présence à tous moments et où que vous soyez, autant que possible, jusqu'à ce que la vision devienne tout à fait naturelle (je répète : *naturelle*) et constante. Il ne s'agit pas de vous perdre, ni dans votre Vacuité ni dans ce qui la remplit, mais de voir *simultanément* la chose que vous regardez et la Non-chose à partir de laquelle vous regardez. À aucun moment cette vision dans les deux directions ne sera déplacée, hors de propos, à aucun moment vous ne pourrez vous en passer sans dommage. Le prix de la santé mentale est la vigilance.

La vision initiale est la simplicité même : une fois qu'on l'a remarqué, rien n'est plus évident que Rien ! Mais elle n'est opérante que dans la mesure où on la pratique. Les résultats – y compris la fin de l'avidité, de la haine, de la peur, de l'illusion – ne sont assurés que lorsqu'on est vraiment attentif à l'Absence ici, qui est la Liberté même.

Puisqu'elle s'est en fait produite, on peut supposer que la *psychose* de l'Espèce a été une étape nécessaire dans le processus tortueux de l'évolution, un recul pour mieux faire le grand saut en avant. Nul doute, ce hiatus étonnant devait intervenir – le hiatus entre la santé mentale inconsciente de l'animal et du bébé, et celle consciente de Celui qui Voit (quelle chose vivante, excepté l'homme, s'est jamais vue elle-même comme une chose ?). L'illusion, somme toute, joue son rôle. Comment pourrait-on voir clairement l'Absence de quoi que ce soit ici, si la présence de quelque chose n'y avait jamais été vaguement imaginée ?

Quoi qu'il en soit, cette guérison consciente de l'esprit ou Illumination s'est produite à plusieurs reprises, ici et là, au cours des 4 000 dernières années de l'histoire de l'humanité, et est enfin en passe de devenir moins rare[1]. Elle pourrait bien exploser malgré les résistances énormes de la société. C'est heureux, car la survie de la race – sans parler de guérison – pourrait bien dépendre de la multiplication de cette prise de conscience de notre nature de 1re Personne jusqu'à ce que, bien que loin d'être universelle, elle devienne au moins la norme reconnue de la vraie santé mentale. L'avenir ne dépend pas de l'aptitude de l'homme à *changer* mais de son aptitude à se *re-situer*, de sa découverte sans cesse renouvelée qu'en tant que 3e personne sa place est à l'autre bout du tunnel, et en tant que 1re Personne elle est de ce côté-ci. Et que le contraste entre les deux est total[2].

---

1. Cela ne signifie pas que si l'on se voit consciemment en tant que 1re Personne, on se considère comme l'un des quelques pensionnaires sains dans l'asile de fous humain – un membre du personnel soignant en charge des malades ! La chosification est une maladie de la 1re Personne du singulier, non des troisièmes personnes. Le SAVANT-1 porte un autre nom : c'est le Bodhisattva qui (selon le Sutra du Diamant) se consacre à l'Éveil de tous les êtres conscients, mais s'il pense qu'il y a des consciences séparées à Éveiller, il n'est pas un Boddhisattva !

2. Emerson : « Pars de l'homme, et non vers l'homme. »

ÉPILOGUE

Étant donnée la situation, il faut qu'il y ait deux sortes de science, pour étudier les deux sortes de *choses* qui existent. Ces deux sortes de choses portent des noms variés : Soi-même et les autres, le Sujet et l'objet, l'Observateur et l'observé, la 1re Personne et la 3e, et elles sont à un angle de 180° l'une de l'autre et il n'y a pas la moindre similarité entre elles. Voilà pourquoi la SCIENCE-1 est si différente de la SCIENCE-3, comme nous venons de le voir. Néanmoins, et précisément parce qu'elles sont radicalement opposées, la SCIENCE-1 n'a rien contre son homologue. Au contraire, elle est sa contrepartie nécessaire et son aboutissement, elle résout ses contradictions inhérentes et apporte une solution universelle à tous les problèmes majeurs, pratiques et théoriques, qu'elle pose. Pour plus de concision, j'ai démontré cela d'une manière quelque peu dogmatique dans les 37 chapitres précédents, mais il s'agit en fait de le vérifier à chaque instant et non de le croire sur parole. Pour être exact, de toute façon on ne peut pas y croire : ce n'est que lorsqu'on cesse de se transformer en 3e personne, en chose, lorsqu'on ne joue pas le Jeu du Visage, que la science de la 1re Personne a un sens. Et alors, on n'a plus besoin de preuves. Dès lors que l'on voit comment c'est ici, on est la seule et ultime autorité à ce sujet, et même ce livre est loin de la vérité – il en est éloigné d'une trentaine de centimètres. Il ne peut que désigner, en cet instant précis, en face de ces mots mêmes, Ce Qui est en train de les lire.

TABLE DES MATIÈRES